westermann

W0369135

Klar|text 5

Arbeitsheft Inklusion
Differenzierende Ausgabe
Nordrhein-Westfalen

Gemeinsam Schule gestalten	**5–17**	SB S. 8–9
Einen Brief schreiben	6	SB S. 10–11
Leserlich schreiben und korrigieren	7	SB EXTRA
Wünsche höflich vortragen	8	SB S. 13
Gesprächsverhalten untersuchen	9	SB S. 19–20
Gesprächsregeln aufstellen	10	SB S. 19–20
Bestandteile einer E-Mail benennen	11	SB S. 25
Ein Argument entwickeln	12	SB S. 21–22
Einen argumentativen Brief schreiben	13–14	SB S. 29–30
Einen argumentativen Brief überarbeiten	15	SB S. 32
Einen argumentativen Brief schreiben	16	SB S. 33
Lernbegleitbogen	17	SB S. 35
Auf Spurensuche	**18–31**	SB S. 38–39
Das Hörverstehen trainieren	19	SB S. 40–41
Informationen sammeln	20	SB S. 42–43
Klar und deutlich sprechen	21	SB S. 44
Aus Stichpunkten Sätze schreiben	22	SB S. 45
Einen Bericht gliedern	23–24	SB S. 47–49
Einen Bericht schreiben	25–26	SB S. 52–53
Am Computer schreiben	27	SB S. 50
Einen Bericht überarbeiten	28	SB S. 55–56
Einen Bericht schreiben	29–30	SB S. 57–58
Lernbegleitbogen	31	SB S. 60
Von einem, der auszog, ...	**32–47**	SB S. 64–65
Ein Märchen vorlesen	33	SB S. 66–70
Märchenmerkmale erkennen	34–35	SB S. 70–71
Lesemethode für erzählende Texte	36–37	SB S. 72–74
Ein Märchen untersuchen	38	SB S. 80
Nach einer Bilderreihe schreiben	39–40	SB S. 83
Ein eigenes Märchen planen	41	SB S. 83–85
Ein Märchen nach Plan schreiben	42–43	SB S. 85
Ein Märchen überarbeiten	44	SB S. 86
Ein Märchen zu Ende schreiben	45–46	SB S. 87–89
Lernbegleitbogen	47	SB S. 90
Ab ins Beet!	**48–61**	SB S. 94–95
Bilder genau beschreiben	49–50	SB S. 100–101
Im Internet recherchieren	51–52	SB S. 103–104
Sachtexten Informationen entnehmen	53–54	SB S. 105–108
Arbeitsergebnisse präsentieren	55	SB EXTRA

Klar|text

Arbeitsbuch Inklusion
Differenzierende Ausgabe
Nordrhein-Westfalen

Lösungen
ISBN 978-3-14-126449-4

Gemeinsam Schule gestalten

Seite 5

1 die Schaukel, die Tischtennisplatte, das Klettergerüst, der Basketballkorb

2 + **3** individuelle Lösung

Seite 6

2 (von oben nach unten) Briefkopf, Anrede, Brieftext, Briefschluss

3 individuelle Lösung

Seite 7

3 ankreuzen: 1, 2

4 Fehler im Brief: ~~neun~~ → neuen, ~~sea~~ → sehr, ~~risige~~ → riesige, ~~den~~ → dem, ~~groses~~ → großes, ~~Fußballfäld~~ → Fußballfeld, ~~Klase~~ → Klasse, ~~Könne~~ → Können, ~~vieleicht~~ → vielleicht, ~~ser~~ → sehr

5 mögliche Lösung:
..., weil andere meine Texte dann besser lesen können.

Seite 8

2 Theo möchte seine Sporttasche haben.
Samira möchte nicht beleidigt werden.

4 Ich möchte bitte meine Sporttasche.
Ich hätte gerne, dass du mir meine Sporttasche gibst.
Bitte beleidige mich nicht.

5 individuelle Lösung

Seite 9

2 mögliche Lösung:
Das läuft gut: Merten unterstützt die Aussagen der anderen und geht auf die Beiträge seiner Vorrednerinnen ein.
Das läuft nicht gut: Kim macht Mertens Beitrag schlecht.

4 (1) Gesprächsblocker, (2) Gesprächsförderer, (3) Gesprächsblocker, (4) Gesprächsförderer

5 vom Thema abweichen: 1
andere Meinungen zulassen: 2
andere Meinungen unterstützen: 4
Beiträge von anderen schlecht machen: 3

Seite 10

3 grün, rot, rot, rot

4 + **5** individuelle Lösung

Seite 11

2 Absender/-in, Empfänger/-in, Betreff, Brieftext, Grußformel

3 ankreuzen: 2

4 individuelle Lösung

Seite 12

2 Beim Basketball werden wir fit, weil man sich beim Basketball viel bewegt.
Beim Basketball lernen wir Teamfähigkeit, weil Basketball ein Mannschaftssport ist.

3 viel bewegt, Basketball ein Mannschaftssport ist.

4 mögliche Lösung: Viele Grüße

Seiten 13 – 14

2 ..., weil sie sich dort in Ruhe auf ein Buch konzentrieren können.
..., weil sie sich ein Buch aus der Leseecke ausleihen können.

3 individuelle Lösung

4 mögliche Lösung: Liebe Schülervertretung,

6 mögliche Lösung: Viele Grüße

7 + **8** individuelle Lösung

Seite 15

2 ankreuzen: 1, 4

3 mögliche Lösung: ..., weil sie dort viele Bücher zur Auswahl hätten.; Viele Grüße

Seite 16

1 Auf einem großen Klettergerüst würden wir unser Gleichgewicht trainieren, weil man für das Klettern Geschicklichkeit braucht.
Mit einem großen Klettergerüst würden sich die Kinder mehr bewegen, weil man durch das Klettergerüst Spaß an der Bewegung bekommt.

2 ... sie Spaß an der Bewegung bekommen.
... wir für das Klettern Geschicklichkeit brauchen.
..., Viele Grüße

Auf Spurensuche

Seite 18

2 **Steckbrief 1:** Name: Hassan, Aufgaben: schreibt Berichte, tippt am Computer
Steckbrief 2: Name: Lucia, Aufgaben: schießt Beweisbilder, fotografiert
Steckbrief 3: Name: Mark, Aufgaben: vergrößert Dinge, betrachtet genau

3 individuelle Lösung

Seite 19

3 Von welchen Aufgaben erzählt Alexander Schrumpf? → Bild 1 und Bild 2.

An wen werden die Ermittlungen häufig übergeben? → die Polizei

Was muss Alexander Schrumpf am Tatort beachten? → nichts am Tatort verändern, keine eigenen Spuren hinterlassen

Was ist der Beruf von Alexander Schrumpf? → Privatdetektiv

Was schreibt Alexander Schrumpf, wenn ein Fall geklärt wurde? → Bericht

4 ankreuzen: 1

Seite 20

1 Melinda musste das Schlauchboot-Rennen abbrechen.

2 Es passierte am 13.08. gegen 14 Uhr am Dortmunder Hafen.

3 Wie kam es dazu?
Warum passierte es?
Wer war an der Tat beteiligt?
Welche Folgen hatte das Ereignis?

4 Wie kam es dazu?
Melinda holte sich ein Eis.
Frederick ließ Luft heraus.

Warum passierte es?
Frederick wollte gewinnen.

Wer war an der Tat beteiligt?
Frederick

5 Frederick entschuldigte sich bei Melinda.

Seite 21

3 Mark betont den Anfang der Wörter.

Seite 22

2 Stichpunkte umfassen nur die wichtigsten Informationen.
Stichpunkte enden mit keinem Satzschlusszeichen (., ?, !).

3 Melinda musste das Schlauchboot-Rennen beenden.
Frederick war beteiligt.
Es passierte am 13.08.2020 gegen 14 Uhr.
Es passierte am Dortmunder Hafen.
Frederick öffnete das Ventil des Bootes.
Frederick wollte das Rennen gewinnen.
Frederick entschuldigte sich bei Melinda.

Seiten 23 – 24

2 – **4**
- Wer?: In dem Haus waren zu dem Zeitpunkt nur Maurice und seine Eltern.
- Welche Folgen?: Das Fuchs-Team legte den Igel in den Schulgarten.
- Wo?: Das alles passierte im Keller von Maurice' Haus an der Vogelstraße 4 in Dortmund.
- Wie?: Der kleine Igel hatte sich im Garten in einem Korb mit Äpfeln versteckt. So war er in den Keller gekommen.
- Was?: Seit Tagen war nachts ein unheimliches Rumpeln zu hören. Maurice hatte den Grund für das Geräusch gesucht, hat aber nichts finden können.
- Wann?: Das erste Mal geschah es vor drei Tagen, am 02.09.2022, und seitdem in jeder Nacht.
- Warum?: Der Igel hatte großen Hunger und aß die Äpfel. Dabei fielen sie auf den Boden.

6 3 – 8 – 5 – 6 – 2 – 4 – 1 – 7

7 FRIDOLIN

9 ankreuzen: 2

10 ankreuzen: 1, 2

Seiten 25 – 26

2 1: drei Sammelkarten von Basti gestohlen
2: durch das Fenster geklettert
3: Westfalenstraße 5 in Dortmund
4: eine Elster
5: am 19.08. gegen 14:00 Uhr
6: Elstern mögen glänzende Gegenstände

4 Wann passierte es?: 19.08. gegen 14 Uhr
Was passierte?: drei Sammelkarten von Basti gestohlen
Wo passierte es?: Westfalenstraße 5 in Dortmund
Wer war beteiligt?: eine Elster
Wie kam es dazu?: durch das Fenster geklettert
Warum passierte es?: Elstern mögen glänzende Gegenstände

5 19.08., 14:00, drei Sammelkarten, Westfalenstraße 5, Elster, ihr die glänzenden Sammelkarten gefielen, räumte er seinen Schreibtisch, Fliegengitter

Seite 27

4 + **7** Shift-Taste: zweite Taste (Pfeil nach oben)

Leertaste: erste Taste (lange Taste ohne Beschriftung)

Enter-Taste: dritte Taste (Pfeil nach links)

Seite 28

3 – **6** Der Fall Elster

Am 19.08. wurden gegen 14 Uhr drei seltene Sammelkarten von Basti gestohlen. Der Diebstahl passierte an der Westfalenstraße 5 in Dortmund.
Es stellte sich heraus, dass der Täter eine Elster war. Die Detektive fanden heraus, dass Elstern glänzende Gegenstände mögen. Um an die Karten zu kommen, war die

Elster durch das Fenster geflogen und hatte die Karten mitgenommen. Als Basti die Karten wieder zurückhatte, räumte er seinen Schreibtisch auf und brachte ein Fliegengitter am Fenster an.

Seiten 29 – 30

2 4 – 4 – 1 – 1 – 4 – 1 – 2/5 – 6 – 7 – 1

3 Was passierte?: Müll überall verteilt
Wer war beteiligt?: Krähen, Lucia
Wann passierte es?: 13.10.2022, 19:00 Uhr
Wo passierte es?: Vorgarten, Franzstraße 7
Wie kam es dazu?: Müllbeutel mit spitzen Schnäbeln durchgeschnitten
Warum passierte es?: essen gerne Lebensmittelreste
Welche Folgen hatte das Ereignis?: Müll aufgehoben, Müll in die Tonne geschmissen, Stein auf Mülltonne gelegt

4 13.10.2021, 19 Uhr, Vorgarten, Franzstraße 7, überall Müll, Krähen, Schnäbeln die Müllbeutel, gerne Lebensmittelreste essen, hob Lucia den Müll auf und schmiss den Müll in die Tonne., Stein auf die Mülltonne.

Von einem, der auszog, ...

Seite 32

1 Reihenfolge der Nummern: 3, 2, 1

2 Antwort B: Von zu Hause weggehen.

3 ... um einen Freund zu suchen.
... damit er und seine Mutter nicht mehr arm sein müssen.
... Damit der König die Hochzeit erlaubt, ...

4 individuelle Lösung

Seiten 34 – 35

1 4 – 1 – 3 – 5 – 2

2 + **4** (1) Es waren einmal Jack und seine Mutter. Beide waren arm. Jack tauschte ihre Kuh gegen ein paar verzauberte Bohnen. (2) Die Mutter war wütend auf Jack. Sie warf die Bohnen nach draußen. Die Bohnen wuchsen über Nacht zu einer Ranke. (3) Jack kletterte bis in den Himmel hinauf. Oben im Himmel fand er das Haus eines Riesen. Er war ein Menschenfresser. Jack stahl dem Riesen einen Sack Gold und kehrte nach Hause zurück. (4) Als das Gold aufgebraucht war, kletterte Jack ein zweites Mal die Bohnenranke hinauf. Er stahl dem Riesen eine goldene Henne. Sie legte goldene Eier. Aber Jack wollte noch mehr Gold haben. Er kletterte hoch und stahl dem Riesen eine goldene Harfe. Sie sang wunderschön. Die Harfe warnte den Riesen. (5) Der Riese lief Jack hinterher und wollte ihn auffressen. Schnell kletterte Jack die Ranke hinunter und fällte sie. Der Riese brach sich beim Herunterfallen das Genick und starb. Jack und seine Mutter wurden von dem Gold reich. Jack heiratete eine Prinzessin. Und wenn sie nicht gestorben sind, dann leben sie noch heute.

5 **A** Ja: Die Anfangswörter des Märchens sind „Es waren einmal“, **B** Ja: Der Satz am Ende lautet „Und wenn sie nicht gestorben sind, dann leben sie noch heute.“, **C** Ja: Das Märchen endet damit, dass Jack und seine Mutter reich werden. Jack heiratet eine Prinzessin., **D** Ja: Die typischen Märchenfiguren sind eine Mutter, ihr Sohn Jack und ein Riese., **E** Ja: Jack und seine Mutter sind arm., **F** Ja: Jack klettert die Bohnenranke hinauf und stiehlt von einem Riesen., **G** Ja: Jack ist arm. Der Riese ist reich.

6 Das Märchen „Jack und die Bohnenranke“ ist ein echtes Märchen, weil es alle Märchenmarkmale enthält.

Seite 37

3 A – 2, B – 1

Schritt 4: (1) Das einsame Rüßchen, (2) Die Suche auf dem Sportplatz; (3) Das Mädchen im Vorgarten, (4) Rüßchen findet einen Freund

Abschnitt 1: Bergmann, Tochter, Rüßchen, Reihenhaus, Garten, allein, Freund suchen
Abschnitt 2: sportlichen Freund, Fußballplatz, Fußballspieler, traurig
Abschnitt 3: dieselben Hobbys, Vorgarten, nettes Mädchen, vergaß, enttäuscht
Abschnitt 4: versteckte Bank, Fluss, Junge, gut unterhalten, beste Freunde

4 individuelle Lösung

Seite 38

2 **rot:** Wer kommt am Anfang vor? Wo wohnen die Figuren? Warum geht die Hauptfigur von zu Hause weg?
orange: Wohin geht die Hauptfigur? Was erlebt sie auf ihrem Weg?
grün: Welches Ziel hat die Hauptfigur am Ende erreicht?

3 **A:** Warum?, **B:** Wohin?, **C:** Wer?, **D:** Was?, **E:** Welches Ziel?, **F:** Wo?

Seiten 39 – 40

1 + **4** mögliche Lösung:

Es war einmal ein armer Müller. Er ging am Fluss spazieren und traf eine Prinzessin. Der Müller verliebte sich in sie.
Der Müller ritt zum Schloss, um mit dem König zu sprechen.
Der arme Müller kniete vor dem König. Er fragte, ob er die Prinzessin heiraten darf.
Der König erzählte dem armen Müller, dass die Prinzessin von einem Drachen gefangen wurde.
Schnell ritt der arme Müller mit einem Schwert bewaffnet los. Er wollte die Prinzessin vor dem fürchterlichen Drachen retten.
Sein Weg führte den Müller durch einen dunklen Wald. Dort griff ihn ein wilder Wolf an.
Der Müller tötete den Wolf und ging zum Turm des Drachen. Auch ihn tötete er.
Der mutige Müller befreite die Prinzessin und brachte sie

zurück. Sie heirateten und waren glücklich. Und wenn sie nicht gestorben sind, dann leben sie noch heute.

6 individuelle Lösung

Seite 41
2 + **3** mögliche Lösung:

Einleitung: schwierige Situation: Dem König wurde der Zauberring von dem Riesen gestohlen.
Hauptteil: Abenteuer: 1. verirrt sich im Wald, trifft Hexe.
2. verzaubert den Riesen
Gegensätzliche Eigenschaften: Prinz ängstlich, Hexe mutig
Schluss: glückliches Ende: Hexe und Prinz werden Freunde, Zauberring wird gefunden

Seiten 42 – 43
2 – **5** mögliche Lösung:

Prinz Angsthase und der stinkende Riese
Es war einmal ein Prinz. Sein Vater, der König, war ein mächtiger Herrscher. Er wollte, dass der Prinz in den dunklen Wald zog, um den Zauberring zurückzuholen, den der stinkende Riese gestohlen hatte. Sofort stieg der Prinz auf sein Pferd und ritt in den dunklen Wald. Doch dann kam er vom Weg ab und verirrte sich. Er traf eine mutige Hexe. Der Prinz war sehr ängstlich und fürchtete sich vor dem Wald und dem Riesen. Die Hexe kannte sich aus und begleitete ihn. Nach diesem spannenden ersten Abenteuer ritt der Prinz eilig weiter. Er kam an eine große Höhle voller Gold. Davor stand der böse Riese mit Froschaugen und Hasenohren.
Als der böse Riese den Prinzen bemerkte, pustete er den Prinzen mit seinem schlechten Atem an. Der erschrockene Prinz kippte um. „Ich habe keine Chance“, dachte er. Plötzlich fiel ihm etwas ein. Er hatte ja einen Helfer dabei. Es war eine furchtlose Hexe! Der Prinz hatte die rettende Idee: Die Hexe sollte den Riesen in einen Klodeckel verzaubern. Sie schaffte es ganz leicht. Der Prinz nahm den Zauberring und andere Schätze, die der gemeine Riese gestohlen hatte.
Der Prinz besiegte den Riesen. Jetzt wollte er nach Hause zurückkehren. Er schwang sich auf sein Pferd. „Willst du mitkommen?“, fragte er die Hexe. Sie wollte es gern, denn sie und der Prinz waren Freunde geworden. Und wenn sie nicht gestorben sind, dann leben sie noch heute.

Seite 44
2 Die markierten Wörter sind im Präsens geschrieben.

3 sagt – sagte, verfolgt – verfolgte, verirrt – verirrte, zeigt – zeigte, eilen – eilten, freut – freute, heiratet – heiratete, leben – lebten

4 mögliche Lösung:

Die Hexe verzauberte den Riesen in einen Klodeckel. So besiegten die Hexe und der Prinz den Riesen.

Seiten 45 – 46
2 **rot:** Es war einmal
blau: ihre Tochter
pink: „Beweise mir, dass du eine gute Königin sein kannst.“ Also ging die Prinzessin los.

3 Die Prinzessin zieht aus, weil sie beweisen soll, dass sie eine gute Königin wird.

4 mögliche Lösung:
Einleitung: Ort: Schloss, Stadt, Flussufer
schwierige Situation: soll beweisen, dass sie eine gute Königin wird.
Hauptteil: Abenteuer: 1. geht in die Stadt, trifft hungrigen Mann, gibt ihm ihre goldene Krone
2. ein fieser Drache verwandelt sie in eine Ameise
Gegensätzliche Eigenschaften: gemein – freundlich
Schluss: glückliches Ende: beweist ihrer Mutter, dass sie großzügig und fleißig ist

5 + **6** mögliche Lösung:

Die Prinzessin mit den kurzen Beinen
In der Stadt begegnete ihr ein hungriger Mann. Er hatte nichts zu essen. Sie überlegte und gab ihm ihre goldene Krone, damit er sich etwas zu essen kaufen konnte.
Sie ging weiter und erreichte ein Flussufer. Dort begegnete ihr ein fieser Drache, der sie in eine Ameise verwandelte. Sie hatte schreckliche Angst. Eine freundliche Ameisenkolonie nahm sie auf. Die Prinzessin arbeitete fleißig und mit den Ameisen. Eines Tages fand sie einen Zauberstein. Als sie ihn hochhob, verwandelte sie sich zurück.
Nun war die Reise der Prinzessin fast zu Ende. Sie kehrte in das Schloss zurück und berichtete von ihren Abenteuern. Die Königin erkannte, dass sie Prinzessin großzügig und fleißig war. Und wenn sie nicht gestorben ist, dann lebt die Prinzessin noch heute.

7 individuelle Lösung

Ab ins Beet!

Seite 48
2 Im linken Beet wachsen viele runde Kürbisse.
Unter dem Apfelbaum steht eine gemütliche Bank.
Neben dem Schuppen liegen einige dreckige Gartengeräte.

3 mögliche Lösung: Im linken Beet wachsen Tomaten. Hinter den Tomatenpflanzen steht eine Vogelscheuche. Auf der rechten Seite wächst eine bunte Blumenwiese. Der stinkende Komposthaufen steht rechts auf der Blumenwiese. Vor dem Komposthaufen steht eine Gießkanne.

Seiten 49 – 50
2 3 – 1 – 4 – 2

4 hellgelbe, glatte (oder: glatte, hellgelbe), gelbes, Birne, schmaler, Kerne

6 Dieses Gemüse ist länglich. Es hat eine dunkelgrüne Schale mit Rillen. Innen ist die Frucht hellgrün und die Kerne befinden sich in der Mitte der Frucht. Die Kerne sehen aus wie eine Blume.
Dieses Gemüse ist länglich und schmal. Am unteren Ende wird es spitz und oben hat es dünne Stängel, an denen feine Blättchen wachsen. Die Frucht ist orange, die Stängel sind grün.

Dieses Gemüse besteht aus vielen kleinen gelben Körnchen, die in Reihen am Kolben wachsen. Die Form ist länglich und wird von einigen dünnen Blättern umschlossen, die hellgrün sind. Am unteren Ende befindet sich ein hellgrüner Stängel.

Seiten 51 – 52

3 Berkant sollte das Ergebnis Nummer 2 wählen, weil er dort allgemeine Informationen über Auberginen bekommt.

5 **Humus:** Bestandteil der Erde, der besonders viele Nährstoffe für Pflanzen enthält.
Dünger: Nährstoffe, die man zur Erde dazugeben kann, damit die Pflanzen gut versorgt sind.
Kompost: organische Stoffe, also Pflanzen und tierische Stoffe, die zerfallen und eine gute Nahrung für Pflanzen sind.
Insektenhotel: Häuschen oder Kasten, in dem verschiede Materialien stecken, in denen Insekten wohnen können.
Saisonkalender: ein Kalender, der zeigt, welche Früchte zu welcher Zeit reif sind.

Seiten 53 – 54

3 **Gewächshaus:** ein kleines Häuschen aus Glas oder Kunststoff, in dem Pflanzen wachsen.
nährstoffreich: enthält viele Stoffe, die Pflanzen zum Leben brauchen
Cornichons: kleine Gewürzgurken in Essig und mit Gewürzen eingelegt.

4 individuelle Lösung

6 zehn bis 60 (Zeile 3), Gewächshaus (Zeile 7–8), März und Mai (Zeile 8), Salat (Zeile 14), in einem Glas mit Essig, saure Gurke, Cornichon (Zeile 15–17)

Seite 55

3 – **6** individuelle Lösung

Seiten 56 – 57

2 individuelle Lösung

3 Die Aussagen 1, 3, 4 und 6 treffen zu.

5 rund, orange, glänzende, Suppe, Ofengemüse, Frühjahr, gießen, Dezember

7 individuelle Lösung

Seite 58

3 + **4** Der Hokkaido-Kürbis

Hokkaidos sind rund und haben eine orange und glänzende Schale. Sie werden im Frühjahr gepflanzt und können von September bis Dezember geerntet werden. Zum Wachsen brauchen die Kürbispflanzen einen feuchten Boden.

Beim Kochen wird auch die Schale von Hokkaidos so weich, dass man sie mitessen kann. An Halloween schnitzen viele Leute Gesichter in die Kürbisse und stellen eine Kerze hinein.

Seiten 59 – 60

3 ankreuzen: 1, 3

4 2: Maispflanzen werden ungefähr zwei Meter groß.

4: Man sollte Mais von Mitte April bis Mitte Mai aussäen.

5 Zuckermais, gelb, Maiskolben, grünen Blättern, zwei, grillen, einlegen, Popcorn, Mitte April, Mitte Mai, feuchten, Juni, geerntet

Zauberschule Hokuspokus

Seite 62

2 A – 2, B – 1, C – 4, D – 3

3 + **4** individuelle Lösung

Seite 64

2 Elfe, Rasenmäher, Papierfliegern, Heißluftballons, Staubsaugern, Zaubersprüche, Schnellste, Zaubertränke, Wuselius, Alma, Theobaldi, Zwergin, übersehen, eingebildet, lernen, Klatschen, normal

4 Theobaldi der Fünfte: eingebildet
Elli: nett und motiviert
Alma: schlecht gelaunt und unterschätzt
Wuselius: faul

5 + **6** individuelle Lösung

Seite 65

1 individuelle Lösung

Seite 66

2 **A:** grün, **B:** groß und grün, **C:** lang und spitz, **D:** lang und wellig, **E:** sommersprossig, **F:** lang und spitz, **G:** braun und lang, **H:** orange, **I:** halbhoch, **J:** einfarbig und knielang

3 mögliche Lösung:

Wuselius ist ein Kobold. Seine Hautfarbe ist grün. Er hat auch große, grüne Augen. Seine Nase und seine Ohren sind lang und spitz. Außerdem sind seine Haare lang und wellig. Seine Wangen sind sommersprossig. Er trägt eine braune und lange Hose und einen orangenen Pullover. Seine Schuhe sind halbhoch. Wuselius' Mantel ist einfarbig und knielang.

4 **A:** 2, **B:** 2, **C:** 1

Seite 67

2 ankreuzen: 1

4 schwer, magischen, gespannt, weichem, laut, harten, richtiges, ängstlich, sanft, neuen, sehr

6 individuelle Lösung

Seite 68

2 + **3** individuelle Lösung

Seiten 69 – 70

2 B

3 mögliche Lösung:
Der Anfang B ist spannend, weil er viele Adjektive enthält und einen neugierig auf die Geschichte macht.

4 – **8** individuelle Lösung

Seite 71

2 **Adjektive:** plötzlich, heller, lauten, schnell, ohrenbetäubenden, panisch
Verben: zuckt, kracht, zuckt, flüstert, passiert
wörtliche Rede: „Oh nein! Warum passiert mir nur immer sowas?"

3 ankreuzen: 1, 3, 4

4 mögliche Lösung: Lisas Geschichte ist nicht so gut gelungen, weil sie nicht im Präteritum geschrieben hat und eine passende Überschrift fehlt.

5 mögliche Lösung:

Ein löchriges Dach

Plötzlich zuckte ein heller Blitz mit einem lauten Knall vom Himmel. Schnell krachte er mit einem ohrenbetäubenden Knall im Dach ein. Alma zuckte zusammen. Panisch flüsterte sie: „Oh nein! Warum passiert mir immer sowas?"

6 – **8** individuelle Lösung

Seite 72

1 Wie reagiert die Klasse?: Die Klasse feuert ihn an, sich zurückzuverwandeln.
Wörtliche Rede: „Oh nein! Ich muss wohl für immer ein Affe bleiben!"
Wie verhält sich Theo?: panisch, der Affe springt herum. Theo wird ruhig, erinnert sich an die richtigen Worte, verwandelt sich zurück

2 – **6** mögliche Lösung:

Der Affenzauber

Zuerst fing alles ganz harmlos an. Verwandlungen hatte die Klasse schon oft geübt. Bisher hatte jeder Zauber gut geklappt. Aber heute in der Sporthalle ging bei Theo alles schief. Dabei hätte das zu Beginn niemand erwartet! Theo hörte zuerst den Anweisungen der Zauberlehrerin aufmerksam zu. Zauberstab in die Hand nehmen, Zauberspruch sprechen, sich das Tier vorstellen und schon ist man ein Affe! „Alles ganz leicht", dachte sich Theo selbstbewusst. Schnell verzauberte er sich. Immer mehr sah er wie ein Affe aus! Seine Arme wurden lang, sein Fell wuchs und sein Gesicht veränderte sich. Theo als Affe sprang in der ganzen Sporthalle herum. Er nahm Alma ihr Cappy, Elli ihren Ball und Wuselius seinen Mantel weg. Theo merkte es selbst. Er benahm sich wie ein Affe! Er konnte sich nicht mehr kontrollieren! Er dachte: „Oh nein! Jetzt muss ich wohl für immer ein Affe bleiben!" Die Klasse war erschrocken und schrie um Hilfe. Elli rief: „Theo, verwandele dich zurück! Theo, Theo, Theo!" Die anderen machten mit. Theo stoppte und erinnerte sich an das, was die Zauberlehrerin gesagt hatte: „Ruhig bleiben, an dein Spiegelbild denken und Hatschi rufen." Er befolgte den Rat. Unter lautem Jubel verwandelte er sich wieder zurück. Theo war erleichtert. Er bedankte sich bei den anderen für die Unterstützung.

Zu Lande, zu Wasser und in der Luft

Seite 74

2 Bild 1 zeigt ein Schwimmbad.
Bild 2 zeigt eine Minigolfanlage.
Bild 3 zeigt einen Kletterpark.

3 der Kletterpark: klettern, das Schwimmbad: schwimmen, die Minigolfanlage: golfen

4 individuelle Lösung

Seite 75

3 grün unterstreichen: „Hoch oben"
rot unterstreichen: April bis September täglich
blau unterstreichen: Neudorf
lila unterstreichen: 023567/7777
orange unterstreichen: 10 Euro

4 Name: „Hoch oben"
Ort: Neudorf
Öffnungszeiten: April bis September, täglich
Eintrittspreise: 10 Euro
Telefonnummer: 023567/7777

Seite 76

2 Bild 1 = Müll abladen verboten!
Bild 2 = nicht schubsen!
Bild 3 = Tiere verboten!

4 Nicht vom Beckenrand springen!

5 individuelle Lösung

Seite 77

3 Abschnitte 2 – 1 – 4 – 3

4 1954, 18, 12, 1,25, Hindernisse, als sechs

Seite 78

4 Spalten, Zeilen, Namen, Freibad, „Froschteich", Minigolfanlage „Eingelocht", Informationen

5 ankreuzen: Mai bis September, 5 Euro

Seiten 79 – 80

2 ankreuzen: mit seiner Familie

3 ankreuzen: Sonntag, 5 Euro, Pommes und Getränke

5 **grün unterstreichen:** Minigolf im Stadtpark, AdventureGolf-Anlage – am See
rot unterstreichen: jeden Tag, jeden Tag außer sonntags
orange unterstreichen: 3 Euro, 6,50 Euro
lila unterstreichen: Pommes und kalte Getränke, ausreichend Getränke

6

	Name: Minigolf im Stadtpark	Name: Adventure-Golf-Anlage am See
Öffnungszeiten:	jeden Tag	jeden Tag außer sonntags
Eintrittspreise:	3 Euro	6,50 Euro
Speisen und Getränke:	Pommes und kalte Getränke	ausreichend Getränke

7 Alle Aussagen treffen auf „Minigolf im Stadtpark" zu. Keine trifft auf die „Adventure-Golf-Anlage am See" zu.

8 Torben sollte sich für die Minigolfanlage „Minigolf im Stadtpark" entscheiden.

Seite 81

2 Familie, Minigolfanlage, 5 Euro, essen und trinken, Sonntag, Flyer, geschlossen, geöffnet, Getränke, Pommes, 6,50 Euro, 3 Euro, im Stadtpark, geöffnet, 3 Euro, essen

Seite 82

3 + **4** ~~seinem Freund~~ seiner Familie, ~~4 Euro~~ 5 Euro, ~~seinem Freund~~ seiner Familie, am Samstag ~~am Sonntag~~, ~~drei~~ zwei, ~~geöffnet~~ geschlossen, ~~Eis~~ Getränke, ~~Döner~~ Pommes, ~~7,50 Euro~~ 6,50 Euro, ~~4 Euro~~ 3 Euro, ~~am See~~ im Stadtpark

Seiten 83 – 84

2 Wann möchte er ins das Schwimmbad gehen?
→ am Freitag von 14 bis 18 Uhr
Wie viel darf der Eintritt kosten?
→ 10 Euro pro Person
Was möchte Romeo dort essen? → etwas Warmes

4 + **5** **rot unterstreichen:** Samstag und Sonntag von 10 bis 19 Uhr, jeden Tag von 9 bis 20 Uhr
orange unterstreichen: 8 Euro, 8 Euro
lila unterstreichen: Eis, Pizza und Nudelgerichten

	Ostbad	Aquamarium
Wann hat das Schwimmbad geöffnet?	Samstag und Sonntag von 10 bis 19 Uhr	jeden Tag von 9 bis 20 Uhr
Wie teuer ist der Eintritt?	8 Euro	8 Euro
Welche Speisen gibt es?	Eis	Pizza und Nudeln

6 Auf das Ostbad trifft die zweite Aussage zu. Auf das Aquamarium treffen alle Aussagen zu.

7 Romeo sollte sich für das Schwimmbad Aquamarium entscheiden.

8 Freitag, 14 bis 18, Schwimmbad, 10, Warmes, Flyer, Samstag, Sonntag geöffnet, Aquamarium, bis 20, Ostbad, Aquamarium, 8, Eis, Pizza, Nudeln, Aquamarium, geöffnet, weniger, Pizza, Nudeln

Gespenster-Lesenacht

Seite 86

2 das Ei, der Spiegel, die rote Strickjacke, der Kassettenrekorder, die Wärmflasche

3 – **4** individuelle Lösung

Seiten 87 – 88

2 + **3** (waagerecht, von oben nach unten) Ausleihe, Computer, Leseecke, Bücherregal, Schließfächer, Rückgabe

4 (Leserichtung: von oben links nach unten rechts) Bücherregal, Schließfächer, Leseecke, Ausleihe, Rückgabe, Computer

6 (im Uhrzeigersinn ab oben rechts) Autorin, Titel, Cover, Signatur, Titelbild

7 ~~Corinna~~ Cornelia, ~~eiserner~~ eisiger, ~~2008~~ 2009, ~~81~~ 82

Seite 90

5 **A:** eine ganze Gespensterfamilie, **B:** brauchen Ricks Hilfe, **C:** in einen Ferienpark, **D:** Rick

Seiten 91 – 92

3 MITTELMÄẞIG UNHEIMLICHES GESPENST

4 Frau Kümmelsaft

5 um 11 Uhr abends

6 schwächsten

7 Toms Ausrüstung liegt auf dem Bett. → falsch
Die rote Strickjacke hat er von seinem Vater. → richtig
Die gelben Socken hat Tom von seiner Schwester Lola. → falsch
Tom trägt eine Wärmflasche unter seinem Pullover. → falsch
Er ist genervt von der Wärmflasche. → richtig

8 Tom hat Musik von Mozart dabei, weil MUGs sich davon gut abschrecken lassen.

Seite 93

2 + **4** Was hört Tom in Keller? seinen Atem, leises Rascheln (Z. 2–3)
Wie bewegt sich das Haar des MUG? als würde ein leichter Wind wehen (Z. 12)

Seite 94

3 Textsorte: in Auszug aus einem Roman, Autorin: Cornelia Funke, Titel: Gespensterjäger auf eisiger Spur

4 „Auf keinen Fall eine Taschenlampe!"

5 Bei dem Text handelt es sich um einen Auszug aus einem Roman. Der Roman hat den Titel „Gespensterjäger auf eisiger Spur". Die Autorin ist Cornelia Funke. Das Thema ist „Auf keinen Fall eine Taschenlampe!".

Seiten 95 – 96

3 Textsorte: in Auszug aus einem Roman
Autorin: Cornelia Funke
Titel: Gespensterjäger auf eisiger Spur

4 Die Gespensterjagd startet!

5 (1) Es ist elf Uhr!, (2) Schleim auf der Treppe, (3) Begegnung mit dem Gespenst

8 Tom, das Gespenst, Zimmer, Treppenhaus, elf, Treppe, Gespenst, Gespenst, größer, Angst, Körper

9 ankreuzen: Weil das Gespenst die Augen aufreißt.
Weil das Gespenst auf Tom zeigt.
Weil das Gespenst plötzlich größer wird.

Seite 97

3 elf, Zimmer, Keller, Treppe, Grünes, Treppenhaus, Schleimspur, Zimmer, Gespenst, Angst, Körper

4 Tom hat Angst vor dem Gespenst, weil es seine Augen aufreißt und plötzlich größer wird.

Seite 98

3 + **4** Bei dem Text handelt es sich um einen Auszug aus einem Roman. Der Titel ist „Gespensterjäger auf eisiger Spur“. Die Autorin ist Cornelia Funke. Das Thema ist „Die Gespensterjagd startet!“.
Tom verlässt um elf Uhr sein Zimmer und geht in das Treppenhaus. Dort sieht er etwas Grünes. Es tanzt. Durch das ganze Treppenhaus läuft eine Schleimspur. Tom möchte in sein Zimmer gehen. Plötzlich sieht ihn das Gespenst an. Tom hat Angst vor dem Gespenst. Er zittert am ganzen Körper. Tom fürchtet sich vor dem Gespenst, weil es seine Hand nach ihm ausstreckt und seine Augen schließt. Es wird auch plötzlich ganz groß.

Seiten 99 – 100

2 Titel: Schleimspuren in der Dunkelheit
Autorin: Cornelia Funke
Textsorte: Auszug aus einem Roman
Thema: Das Gespenst hat Angst!

3
1. Das Gespenst schaut in den Spiegel.
2. Das Gespenst fliegt die Treppe runter. Es flüchtet.
3. Das Gespenst versteckt sich vor Tom in einem Kellerraum.
4. Tom schließt den Kellerraum auf.
5. Tom schaltet den Kassettenrekorder an.
6. Der Kassettenrekorder geht aus. Das Gespenst wird riesig.
7. Das Gespenst spuckt gelbe Spucke.

~~Tom rennt vor dem Gespenst davon.~~
~~Tom findet den Schlüssel nicht mehr.~~

4 Weil das Gespenst Angst vor Tom hat und vor ihm flüchtet.

5 einen Auszug aus einem Roman, „Gespensterjäger auf eisiger Spur“, Cornelia Funke, „Das Gespenst hat Angst“, schaut, Spiegel, Treppe, flüchtet, Tom, Gespenst, Kellerraum, schließt, Kassettenrekorder, Kassettenrekorder, riesig, spuckt, Spucke

Tom geht mit einem guten Gefühl den Keller runter, weil das Gespenst Angst vor ihm hat und vor ihm flüchtet.

Ein Outdoor-Wochenende

Seite 102

2 mögliche Lösung: Die Pfadpfinder/-innen lesen ein Buch, sie spielen Spiele, sie schnitzen, sie zelten

3 individuelle Lösung

Seite 103

2 + **3** Die Kinder erreichen ein Toilettenhäuschen (am Waldzeltplatz)

4 **Tipidorf:** rechts unten auf der Karte
Rezeption: links auf der Karte, rechts unten neben dem Parkplatz
Eisverkauf: zentral, links neben dem Silbersee

5 mögliche Lösung: Du startest an der Straße am Tipidorf. Als Erstes gehst du nach links. Dann gehst du auf dem Weg weiter bis zum Toilettenhäuschen. Nachdem du am Toilettenhäuschen vorbeigegangen bist, gehst du um die Kurve. Du gehst auf dem Weg weiter bis zum Eisverkauf und zum kleinen Grillplatz. Dann gehst du nach links, biege am Ende des Weges ab und gehe rechts um die Kurve. Weiter geradeaus befindet sich die Rezeption.

Seite 104

1 mögliche Lösung: Untergrund prüfen, Zelt aus Transporttasche nehmen und ausrichten, Zelt befestigen

4 ~~Tüte~~ Transporttasche
~~das Ding, das~~ die Schlaufe, die
~~das Loch~~ den Zelteingang

Seite 105

2 mögliche Lösung: Stock aussuchen, Ende spitz schnitzen, ein Stück Rinde unterhalb der Spitze abschnitzen, Mütze und Gesicht aufmalen

3 2 – 1 – 4 – 3

6 Als erstes / Zuerst, Dann, Als nächstes, Danach, Zum Schluss / Schließlich

Seite 106

3 halbierst du, kannst du, schneidest du, Als nächstes steckst du die Früchte ..., grillst du

Seite 107

2 Laura hat Leonie nicht um Erlaubnis gefragt, ob sie das Bild posten darf. Leonie darf aber darüber entscheiden, ob Bilder, auf denen sie abgebildet ist, gepostet werden dürfen.

5 individuelle Lösung

Seiten 108 – 109

1 individuelle Lösung

4 Wurflinie festlegen, Kegel 3 – 4 Meter entfernt aufstellen, ~~Kegel müssen ein Dreieck ergeben~~

6 1 – 4 – 2 – 3 – 5 (Korrekturzeichen bei 4, 2, 3)

8 **einfügen:** Wurfholz
ersetzen: ~~Wurfpunkt~~ → Wurflinie, ~~Wurfding~~ → Wurfholz

Seite 110
2 + **3**

Mölkky

Materialliste
12 Kegel (nummeriert von 1 bis 12)
Wurfholz

Vorbereitung
Zuerst stellst du die Kegel 3 – 4 Meter von der Wurflinie entfernt in einer Gruppe zusammen auf.

Schritte des Spiels
Der jüngste Spieler oder die jüngste Spielerin beginnt.

Der Spielzug beginnt damit, dass du das Wurfholz nimmst und versuchst, durch Werfen möglichst die Kegel zu treffen. Dabei darf das Wurfholz nur von unten aus geworfen werden.

Wenn ein Kegel umfällt, bekommst du die Punkte, die auf dem Kegel aufgedruckt stehen. Wenn mehrere Kegel umfallen, bekommst du die Gesamtzahl der Punkte aller umgefallenen Kegel.

Dann stellst du die umgefallenen Kegel wieder an der Stelle auf, an der sie liegen geblieben sind. Anschließend notierst du die Punktestände. Wer dreimal nicht trifft, scheidet aus.

Schließlich endet das Spiel, sobald jemand genau 50 Punkte erreicht hat. Übersteigt die geworfene Punktezahl 50, fällt die Spielerin oder der Spieler zurück auf 25 Punkte.

Seite 112
3 - **8**

Stockbrot für ein Lagerfeuer

Materialliste
ca. 1 m lange Stöcke (1 Stock pro Person)
Taschenmesser
Hefeteig

Vorbereitung
Zuerst kaufst du dir Hefeteig beim Bäcker. Am besten bewahrst du den Teig bis zur Verwendung am Lagerfeuer in einer Schüssel auf. Außerdem suchst du die Stöcke. Sie sollten 1 m lang sein.

Arbeitsschritte
Du spitzt das Ende des Stocks mit einem Taschenmesser etwas an. Dann schneidest du den Teig in etwa gleich große Portionen. Anschließend formst du aus dem Teig eine längliche Wurst. Danach wickelst du diese Würste um den Stock.

Danach hältst du den Stock vorsichtig übers Feuer. Dabei musst du den Stock langsam immer wieder drehen, damit das Brot nicht anbrennt. Wenn das Stockbrot eine schöne dunkle Farbe hat, ist es fertig.
Lass es kurz abkühlen: Guten Appetit!

Sprache untersuchen

Seite 114
1 fährt, aß, auf, gelben, Der, wird

4 Türkisch 3 Englisch 2 Deutsch 1

Seite 115
2 Nomen

4 **Menschen, Tiere, Pflanzen:** Haustiere, Lehrerin, Ohren, Schwanz
Gegenstände, Orte: Schule
Gedanken, Gefühle, Zustände: Ruhe, Aufregung

5 individuelle Lösung

Seite 116
2 + **4**

männlich (Maskulinum)	weiblich (Femininum)	sächlich (Neutrum)
der Fußball	die Tischtennisplatte	das Trampolin
der Kriechtunnel	die Schaukel	das Diabolo
der Dominostein	die Stelze	das Springseil
	die Wippe	das Klettboard
		das Wikingerschach

Seite 117
2 blau markiert: bestimmter Artikel
grün markiert: unbestimmter Artikel

3 Pausenhof, Tischtennisplatte, Tischtennisplatte, Treffpunkt, Klasse, Klassenlehrer, Klassenlehrer, Treffen, Austauschschule, Treffen

4 + **5** **bestimmter Artikel (männlich):** dem Pausenhof, der Treffpunkt, der Klassenlehrer
bestimmter Artikel (weiblich): die Schule, die Tischtennisplatte, die Klasse
bestimmter Artikel (sächlich): das Treffen
unbestimmter Artikel (männlich): einen Pausenhof, einen Klassenlehrer
unbestimmter Artikel (weiblich): eine Tischtennisplatte, einer Austauschschule
unbestimmter Artikel (sächlich): ein Treffen

Seite 118

3 die Rutsche, die Rutschen; der Bau, die Bäume; das Becken, die Becken; der Junge, die Jungen; das Schwimmbad, die Schwimmbäder

4 + **5** der Bikini, die Bikinis; der Tag, die Tage; die Landschaft, die Landschaften

Seite 119

1 Es fällt auf, dass das Wort „Junge“ häufig wiederholt wird.

3 Sie wurde aufgeklärt.
Er ermittelt.
Es ist geräumig.

4 wir, Er, ich, euch, wir, Es, Er, Wir, Er, Sie, Ich, Wir

Seite 120

3 führt, sagt, suchen, erinnere, zeigt, erklärt, könnt, tippt, nennt, setzen, tippt, ruft, ist, lautet

Seite 121

1 sitzt, kaut, sieht, ist, muss, sind, liegt

3 ~~warten~~ wartet, ~~gehen~~ geht, ~~zweifeln~~ zweifelt, ~~wollen~~ will, ~~tragen~~ trägt, ~~stecken~~ steckt, ~~legen~~ legt, ~~tragen~~ trägt, ~~klemmen~~ klemmt, ~~machen~~ macht

Seite 122

2 An einem unheimlichen Freitagabend trafen sich Schülerinnen und Schüler unserer Gesamtschule in der Stadtbibliothek. Sie lasen Auszüge aus Gespensterromanen vor und trugen Gedichte vor. Gemeinsam aßen und tranken sie ein schauriges Abendessen und legten sich dann in ihre Schlafsäcke. Es war ein Abend voller Freude am Lesen!

4 glaubten, zündeten, wollten, verkleideten, machten, gingen, entstand

Seite 123

3 1: fein, stachelig, länglich,
2: dunkelblau, herzförmig, fein, länglich, glatt
3: gewellt, gestreift

4 dunkelblauen, herzförmig, glatt, fein, lang

5 individuelle Lösung

Seite 124

4 auf; in; unter; neben; hinter; über

Seite 125

2 Der Zauberschüler fliegt auf einem Staubsauger zur Zauberschule. oder
Auf einem Staubsauger fliegt der Zauberschüler zur Zauberschule. oder
Zur Zauberschule fliegt der Zauberschüler auf einem Staubsauger.

3 Der Zauberschüler, fliegt, auf einem Staubsauger, zur Zauberschule

5 vier Satzglieder

6 Den Wetterzauber üben auf der Schulbühne die Zauberschüler in der vierten Stunde. In der vierten Stunde üben die Zauberschüler auf der Schulbühne den Wetterzauber.

7 Die Zauberschüler üben in der vierten Stunde den Wetterzauber auf der Schulbühne. Auf der Schulbühne üben die Zauberschüler in der vierten Stunde den Wetterzauber.

8 Aus dem Aussagesatz wird ein Fragesatz.

Seite 126

2 Wer tut etwas?

4 1: Der Frosch
2: Rapunzel
3: das Dornröschen
4: Jack

5 Wer oder was holte die Kugel aus dem Brunnen?
Wer oder was ließ ihre langen Haare aus dem Turm herab?
Wer oder was schlief 100 Jahre?
Wer oder was kletterte die Bohnenranke hinauf?

Seite 127

2 Was tut der Prinz?

3 Die hübsche Prinzessin sah der Prinz jeden Tag.
Jeden Tag sah der Prinz die hübsche Prinzessin.

4 An der zweiten Stelle.

6 + **7** (1) Es war einmal ein kleines Mädchen. Mutter und Vater des Mädchens waren bereits gestorben. Es besaß kein Zimmer und kein Bett zum Schlafen.
(2) So ging es in die Welt. Das Mädchen lief schon einige Zeit. Da traf es einen alten Mann. Der Mann hatte kein Geld. Er fragte das Mädchen nach Essen.

Seite 128

1 **rot unterstreichen:** Spind, Kleidungsstücke, Kletterschülerinnen, Helme, Kopf, Sicherheitsgurt, Kletterlehrer, Kletterstrecken
blau unterstreichen: einem, Die, dem, einen, Der, die
lila unterstreichen: bunten, stabile, festen, freundliche, leichten, schweren
grün unterstreichen: lagerten, trugen, zeigte

2 **grün umkreisen:** Turnstange, Entscheidung, Umschlag, Schaukel
rot umkreisen: Bälle, Schulhöfe, Bücher, Fahnen, Briefe, Spiele

3 geht, nutzen, hilft, musst, weiß, heißt

4 **blau anmalen:** gruseln, verstecken
rot anmalen: du rasselst, ich schreie, sie spukt, er schwebt
grün anmalen: sie rannten, wir flüchteten

5 stachelig, rot, lang, gewellt

6 individuelle Lösung

Richtig schreiben

Seite 130

3 Das, erschrecken, Turmuhr, schnell, flog (fliehen), Fenster, Daches (Dach), Straßen (Straße)

4 individuelle Lösung

Seite 131

1 Familie, Namen, gegeben, Schreckliche, Bruder, Schwester, gruseliger, Eltern, glücklich, fürchteten, schlafen, Ketten, klappern

3 Fa mi lie, Na men, ge ge ben, Schreck li che, Bru der, Schwes ter, gru se lig er, El tern, glück lich, fürch te ten, schla fen, klap pern

6 Flü gel, blei che, guck en, bö se, Sarg deck el

Seite 132

2 zusammen, Wenn, denkst, essen, nicht, falsch, mampfen, Butterbrote, schnell, Tante, Esszimmer, Schlimmes, berichten, Schloss, geschmissen

5 zusammen, Wenn, denkst, essen, nicht, falsch, mampfen, Butterbrote, schnell, Tante, Esszimmer, Schlimmes, berichten, Schloss, geschmissen

6 allein, Nacht, knarren, Klumpen, rund, können, schaffen, gelblich

Seite 133

3 Als wir im letzten Jahr im Camp waren, passierte vor der Wanderung etwas Komisches: Unser Lehrer Ralf hatte morgens um acht Uhr noch ganz lahm die Strecke ausgewählt und uns erzählt, was wir mitnehmen mussten. Dann merkten wir, dass Kira noch fehlte. Während der Suche riefen wir laut ihren Namen und suchten alle Zelte durch, ohne sie zu finden. War sie in Gefahr? Wir fühlten uns wirklich unwohl! Da fand Mohammed sie ganz unverletzt: Sie war abends beim Lagerfeuer eingeschlafen und lehnte gemütlich im Schlafsack am Baum.

4 **hl:** ausgewählt, erzählt, fehlte, fühlten, unwohl
hm: lahm, mitnehmen
hn: ohne, lehnte
hr: Jahr, Lehrer, Uhr, Während, ihren, Gefahr

5 mögliche Lösung:
fahren: Fahrzeug, fährt, Fahrt, fuhr, gefahren, Fahrbahn, verfahren, umfahren, Fahrerin
zählen: Zählung, gezahlt, Zahl, zahle, zahlte, Zahlung, Anzahl, verzählt, Anzahlung

Seite 134

2 Gepäck, Sonnenschutz, Waschzeug, Decke, Campingkocher

4 + **5** Das kann man beim Zelten gut gebrauchen: Jacke, Anzünder, Socken, Rucksack, Mütze, Landkarte, Sitzkissen, Pinzette, Luftmatratze, Besteck
Das eher nicht: Planschbecken, Maske

6 mögliche Lösung:
ck: Schreck, Ticket, Wecker, Schnecke, packen
tz: Katze, putzen, Satz, sitzen, Spitze

Seite 135

1 Hum mel, Mot te, Spin ne, Ha se, Schmet ter ling, I gel, Ra be, Bi ber

3 **f oder ff:** der Hafer, ich treffe, der Stiefel, der Streifen, offen
l oder ll: der Grill, der Hühnerstall, er holt, die Windmühle, die Schokolade
m oder mm: die Gummistiefel, die Blume, das Klima, schlimm, der Stamm
n oder nn: die Melone, die Biene, der Honig, ich kann, die Tanne
p oder pp: wir kippen, der Schuppen, die Raupe, die Lupe, doppelt
r oder rr: die Schnur, die Schubkarre, die Schere, sie verirrt sich, der Garten
t oder tt: platt, glatt, der Liter, die Blüte, die Hängematte

Seite 136

2 + **3** Ro se, Ra sen, Fuß, Stra ße, Gieß kan ne, Do se

6 seltsam, Spaß, Mission, besonderes, Insekten, grässlich, Gemüse, essen, Insektenhotel, Dose, saßen, Wiese, besser

Seite 137

1 mögliche Lösung:
An diesem Ort kann man Minigolf spielen. Es ist eine besondere Halle, in der alles in Neofarben angemalt ist.

5 + **7** Am letzten Samstag waren wir in der Indoor-Halle beim Minigolf. Alle bekamen einen kleinen Zettel mit einem Stift, auf dem wir die Ergebnisse eintragen konnten. In der Halle war alles in bunten Neonfarben angemalt und leuchtete im Dunkeln. Ich musste über meinen Bruder lachen, denn ich sah nur noch die Schrift auf seinem Pullover und seine Zähne in der Dunkelheit leuchten. Die Bahnen sahen toll aus. Als mein Bruder die erste Bahn betreten wollte, gab es einen Knall und er landete auf dem Hosenboden. Er hatte gedacht, der Rand der Bahn liegt tiefer, und so war er gestolpert. Am Ende unseres Spiels hat mein Bruder gewonnen! Er ist einfach gut beim Sport.

6 letzten Samstag, der Indoor-Halle, beim Minigolf, kleinen Zettel, einem Stift, die Ergebnisse, der Halle, bunten Neonfarben, im Dunkeln, meinen Bruder, die Schrift, seinem Pullover, seine Zähne, der Dunkelheit, Die Bahnen, mein Bruder, erste Bahn, einen Knall, dem Hosenboden, der Rand, der Bahn, Am Ende, unseres Spiels, mein Bruder, beim Sport

Seite 138

2 mögliche Lösung:
Eine Das-bin-ich-Kiste ist ein Schuhkarton, in den man Dinge legt, die zeigen, welche Hobbys man hat.

3 Die Sprechblase kann man schwer lesen, weil die Kommas fehlen.

5 In meiner Kiste sind viele verschiedene Dinge, weil ich viele Hobbys habe. Hier ist eine Kastanie, Kekse, mein Judo-Gürtel und eine Feder.

6 mögliche Lösung:
Leilas Hobbys sind vermutlich Basteln, Backen, Judo und ihr Haustier, ein Vogel.

Seite 139

3 Alle Zauberschülerinnen und Zauberschüler hatten inzwischen großen Hunger. Die Direktorin Frauke von Drachenfels rief laut durch die Halle: „So, liebe Kinder, nun werden wir gemeinsam in den Speisesaal gehen und zusammen abendessen."
„Wird auch Zeit! Ich habe schon großen Hunger", sagte Theo.
„Bist du immer so ungeduldig?", fragte Wuselius.
Theo hatte keine Lust auf blöde Fragen und murmelte: „Wenn der den Mund voll mit leckerem Essen hat, ist er hoffentlich still!" „Hey, so unhöflich benehmen wir uns hier nicht!", ermahnte ihn die Direktorin.

Seite 140

2 Dachboden, Eule, Furcht, Geist
Jäger, Keller, Lampe, Nacht
rosa, schimmlig, todmüde, unheimlich

3 anbieten, anhalten, aufatmen
fluchen, flüchten, funkeln
meckern, miefen, mischen, misslingen

4 **C:** geisterhaft, gehören, Gekicher

Seite 141

1 Rie se, Höh le, pack en, ro sa, E del stein

2 geregnet, zehn, stecken, Hand, nehmen, zog, ohne, waren

3 **f oder ff:** das Schiff, ich treffe, tief, der Stoff, der Ofen
n oder nn: die Pfanne, ernst, es brennt, das Kinn, der Stein
t oder tt: die Latte, ich trete, fett, die Mutter, die Kette

4 sofort, sonnig, Sorge, sowohl

5 Geburtstag, Freundinnen, Kletterpark, Kletterwege, Schwierigkeiten, Kletterlehrer, Tipp, Stück, Stück, Strecke, Ende, Mädchen, Schlangengrube, Schlangen, Schaumstoff

Eine Beschreibung schreiben	56–57	SB	S. 112–114
Eine Beschreibung überarbeiten	58	SB	S. 116–117
Eine Beschreibung schreiben	59–60	SB	S. 118–119
Lernbegleitbogen	61	SB	S. 122
Zauberschule Hokuspokus	**62–73**	SB	S. 126–127
Die Handlung einer Erzählung verstehen	63–64	SB	S. 128–130
„Aufpasswörter" suchen und vorlesen	65	SB	EXTRA
Eigenschaften ermitteln	66	SB	EXTRA
Texte lebendiger schreiben	67	SB	EXTRA
Eine eigene Erzählung planen	68	SB	S. 134–136
Eine eigene Erzählung fortsetzen	69–70	SB	S. 137
Eine eigene Erzählung überarbeiten	71	SB	S. 141–142
Eine Erzählung planen und schreiben	72	SB	S. 146
Lernbegleitbogen	73	SB	S. 148
Zu Lande, zu Wasser und in der Luft	**74–85**	SB	S. 152–153
Einen Flyer lesen und verstehen	75	SB	S. 154
Piktogramme verstehen	76	SB	S. 158–159
Sachtexte lesen und erschließen	77	SB	S. 160–162
Aufbau von Tabellen beschreiben	78	SB	EXTRA
Einem Flyer Informationen entnehmen	79–80	SB	S. 163–165
Einen Informationsvergleich schreiben	81	SB	S. 167–169
Einen Vergleich überarbeiten	82	SB	S. 170
Einen Informationsvergleich schreiben	83–84	SB	S. 171–172
Lernbegleitbogen	85	SB	S. 174
Gespenster-Lesenacht	**86–101**	SB	S. 178–179
Eine Bibliothek erkunden	87–88	SB	S. 180–182
Gedichte frei vortragen	89	SB	S. 183–184
Mit einem Leseziel lesen	90	SB	EXTRA
Eine Gespenstergeschichte lesen	91–92	SB	S. 188–190
Textstellen angeben	93	SB	EXTRA
Einen TAT-Satz schreiben	94	SB	S. 191
Eine Textuntersuchung planen	95–96	SB	S. 188–192
Eine Textuntersuchung schreiben	97	SB	S. 200–202
Eine Textuntersuchung überarbeiten	98	SB	S. 203
Eine Textuntersuchung schreiben	99–100	SB	S. 204–206
Lernbegleitbogen	101	SB	S. 208
Ein Outdoor-Wochenende	**102–113**	SB	S. 212–213
Eine Beschreibung hören und verstehen	103	SB	S. 214
Eine Anleitung lesen und erschließen	104	SB	S. 217–218

Die richtige Reihenfolge herstellen	105	SB S. 223
Leserinnen und Leser ansprechen	106	SB S. 222
Das Urheberrecht beachten	107	SB S. 225
Eine Anleitung gliedern	108–109	SB S. 226
Eine Anleitung überarbeiten	110	SB S. 227
Eine Anleitung überarbeiten	111–112	SB S. 229–230
Lernbegleitbogen	113	SB S. 232
Sprache untersuchen	**114–129**	SB S. 236–237
Was Nomen bezeichnen	115	SB S. 238
Nomen haben ein Genus	116	SB S. 239
Nomen und ihre Begleiter	117	SB S. 240
Mit Nomen Einzahl und Mehrzahl bilden	118	SB S. 242
Personalpronomen nutzen	119	SB S. 245
Personalformen des Verbs verwenden	120	SB S. 247
Die Gegenwartsform Präsens	121	SB S. 248–249
Die Vergangenheitsform Präteritum	122	SB S. 248–249
Mit Adjektiven genau beschreiben	123	SB S. 251
Präpositionen nutzen	124	SB EXTRA
Satzglieder ermitteln	125	SB S. 255
Das Subjekt bestimmen	126	SB S. 256
Das Prädikat an die richtige Stelle setzen	127	SB S. 257
Das kann ich jetzt!	128	SB EXTRA
Lernbegleitbogen	129	SB S. 271
Richtig schreiben	**130–142**	SB S. 275
Lang und kurz gesprochene Vokale	131	SB S. 278
Konsonanten nach kurzem Vokal	132	SB S. 278
Das Dehnungs-h richtig einsetzen	133	SB S. 281
Wörter mit ck und tz schreiben	134	SB EXTRA
Doppelkonsonanten schreiben	135	SB S. 284
s-Laute richtig schreiben	136	SB S. 285–286
Satzanfänge und Nomen großschreiben	137	SB S. 290–291
Das Komma richtig setzen	138	SB S. 294
Zeichen der wörtlichen Rede	139	SB S. 297–298
Im Wörterbuch nachschlagen	140	SB S. 300–301
Das kann ich jetzt!	141	SB EXTRA
Lernbegleitbogen	142	SB S. 305

Gemeinsam Schule gestalten

SB S. 8–9

SPRACHBOX

das Klettergerüst – die Tischtennisplatte – der Basketballkorb – die Schaukel

1 Auf dem Schulhof gibt es viel zu entdecken. **Beschrifte** die Bilder.

2 Was gefällt dir auf deinem eigenen Schulhof besonders gut? **Vervollständige** den Satzanfang.

Besonders gut gefällt mir ______________________________.

3 Wie sähe dein idealer Schulhof aus? **Notiere** deine Ideen in Stichworten.

Einen Brief schreiben

SB S. 10–11

1 Nach den ersten Tagen an der neuen Schule gibt es viel zu erzählen! Viktoria schreibt ihrer Oma, wie es ihr in der Schule gefällt. **Lies** den Brief.

Gronau, 05.09.20.. ← ______

Liebe Oma, ← ______

wie geht es dir? Mir geht es sehr gut. Meine neue Schule ist toll. Ich habe schon viele neue Freunde gefunden. Mein neuer Klassenlehrer heißt Herr Galli. Er ist sehr nett und er unterrichtet mein Lieblingsfach Musik. ← ______

Der Schulhof an meiner neuen Schule ist riesig! Am liebsten bin ich auf dem Klettergerüst oder auf den Schaukeln. Wenn es regnet, bin ich auch gerne in der Schulbücherei. Dort kann ich in Ruhe lesen und darf die Bücher auch ausleihen.

Ich freue mich schon, wenn du uns bald wieder besuchen kommst.

Liebe Grüße
deine Viktoria ← ______

2 **Beschrifte** die einzelnen Bestandteile des Briefs. Nutze dafür die **fett gedruckten** Begriffe aus der **LERNBOX**.

3 Wie gefällt es dir an deiner neuen Schule? **Schreibe** einen Brief an eine Lehrerin oder einen Lehrer aus deiner alten Schule. Beachte dabei den Aufbau eines persönlichen Briefs aus der **LERNBOX**.

LERNBOX

So ist ein persönlicher Brief aufgebaut:

- Im **Briefkopf** nennst du den Ort und das Datum, an dem du den Brief geschrieben hast.
- Mit der **Anrede** begrüßt du die Empfängerin oder den Empfänger: Lieber Opa, – Hallo Sinan!
- Im **Brieftext** steht deine Nachricht. Achte darauf, dass du die Empfängerin oder den Empfänger direkt ansprichst: Wie geht es dir?
- Mit dem **Briefschluss** beendest du den Brief. Dafür benutzt du eine Grußformel und deine Unterschrift: Liebe Grüße
  deine Viktoria

BASIS

Leserlich schreiben und korrigieren

1 Theo hat einen Brief an seine Lehrerin geschrieben. **Lies den** Briefanfang.

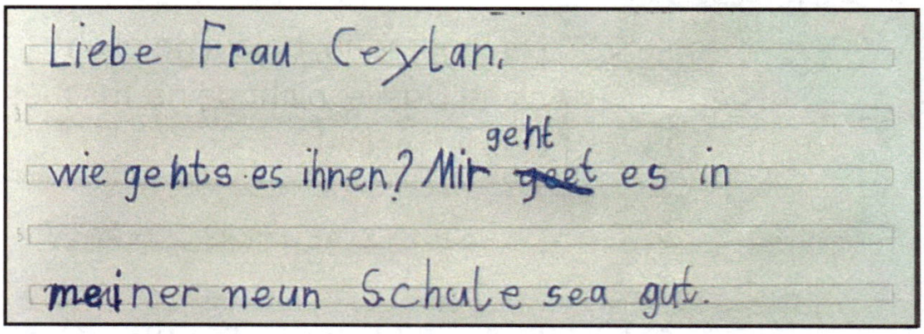

Liebe Frau Ceylan,

wie gehts es ihnen? Mir ~~geet~~ geht es in

meiner neun Schule sea gut.

2 Was hätte Theo beim Korrigieren besser machen können? **Lies die** **LERNBOX**.

LERNBOX

So schreibst du einen Text leserlich:

- Schreibe **ordentlich**.
- Lasse nach jeder Zeile immer **eine Zeile frei**. So kannst du ordentlich korrigieren, falls du einen Fehler machst.
- Lasse **Rand** für deine Korrektur.

So schreibst du einen Text leserlich:

- Nutze für die Korrekturen eine **andere Farbe** als für den Text.
- Wenn du einen Fehler machst, streiche das Wort **sauber** durch.
- Schreibe deine **Korrektur leserlich in die freie Zeile** darüber.

3 Erfüllt der Brief alle Kriterien? **Kreuze** an, was zutrifft.

- ☐ Zwischen den Zeilen ist immer eine Zeile frei.
- ☐ Der Brief hat einen Korrekturrand.
- ☐ Die Fehler sind sauber durchgestrichen.
- ☐ Für die Korrekturen hat Theo eine andere Farbe benutzt als für den Text.

4 **Lies** dir den ganzen Brief durch und **korrigiere** die Fehler **ordentlich**.

WES-126449-001
ganzer Brief

5 Warum solltest du leserlich schreiben? **Vervollständige** den Satz.

Ich sollte leserlich schreiben, weil ________________________________

____.

Wünsche höflich vortragen

SB S. 13

1 Theo und Samira streiten sich. **Schau** dir das Bild **an** und lies die Sprechblasen.

2 Was möchten die Kinder erreichen? **Vervollständige** den Satzanfang.

Theo möchte ____.

Samira möchte ____.

3 Wie hätten sich die Kinder besser verhalten können? **Lies** die **LERNBOX**.

LERNBOX

So trägst du deine Wünsche höflich vor:

- Formuliere deine Wünsche **freundlich**: Ich möchte bitte ... – Ich hätte gern ...
- Bleibe sachlich und beleidige nicht.

4 **Lies** dir die Wünsche unten durch. Schreibe sie in höflicher Sprache auf.

Ich will meine Sporttasche haben!

Ich möchte ____.

Gib mir meine Sporttasche! ____.

Du Blödmann, beleidige mich nicht! ____.

5 Wie könnten die Kinder ihren Streit lösen? **Schreibe** den Dialog von Theo und Samira in höflicher Sprache weiter.

Gesprächsverhalten untersuchen

SB S. 19–20

1 Die Schülervertretung möchte den Schulhof schöner gestalten. Die Klasse 5a diskutiert darüber, was sie dafür vorschlagen möchte. **Lies** das Gespräch.

Lena: Ich hätte gerne echte Fußballtore. Dann müssen wir die Tore nicht immer mit Kreide auf den Boden malen. Meine Kreide ist nämlich auch schon wieder leer (1).
Merten: Fußballtore finde ich super (2). Und außerdem brauchen wir mehr Tischtennisplatten. Die sind immer viel zu voll.
Kim: Die Idee finde ich blöd (3). Ich mag kein Tischtennis. Ich möchte mehr Springseile, die wir uns ausleihen können. Dann würden sich noch viel mehr Kinder bewegen.
Merten: Ich stimme dir zu, dass sich mehr Kinder in der Pause bewegen sollten (4). Beim Tischtennis bewegen wir uns auch viel. Deshalb fände ich es gut, wenn wir sowohl mehr Tischtennisplatten als auch mehr Springseile bekommen könnten.

2 Was läuft gut in dem Gespräch, was läuft schlecht? **Schreibe** deine Ideen ins Heft.

3 Lies die Informationen aus der **LERNBOX**.

LERNBOX

So verhältst du dich in Gesprächen richtig:

So **förderst** du ein Gespräch, das heißt, du bringst es weiter:

- **Unterstütze** andere in ihrer Meinung.
- **Gehe auf die Beiträge** deiner Vorrednerinnen und Vorredner ein.
- Lasse **andere Meinungen** zu.

Diese Punkte sind **Gesprächsförderer**. Sie bringen ein Gespräch voran.

Diese Dinge solltest du **vermeiden**:

- Andere **unterbrechen**.
- Vom Thema **abweichen**.
- Beiträge von anderen **schlechtmachen**.

Diese Punkte sind **Gesprächsblocker**. Sie stören ein Gespräch.

4 Sind die grau markierten Stellen im Text Gesprächsförderer oder Gesprächsblocker? **Unterstreiche** Gesprächsförderer grün und Gesprächsblocker rot.

5 Warum sind die markierten Textstellen Gesprächsblocker oder Gesprächsförderer? **Ordne** die Ziffern im Text den Kriterien **zu**.

☐ vom Thema abweichen
☐ andere Meinungen unterstützen
☐ andere Meinungen zulassen
☐ Beiträge von anderen schlecht machen

Gesprächsregeln aufstellen

SB S. 19–20

1 Die Klasse 5a möchte ihre Klassenraumtür schöner gestalten. **Lies** das Gespräch.

Finn: Wer hat eine Idee, wie wir unsere Tür zum Klassenraum schöner gestalten können?

Mina: Ich fände eine bunte Flagge schön. Das zeigt, wie kreativ unsere Klasse ist.

Esad: Das ist eine gute Idee!

Yasmin: Eine Flagge finde ich doof.

Hasan: Wie wäre es, wenn wir von jedem einen Steckbrief mit Foto anbringen und ...

Esad: Ihhh...! Nein, auf keinen Fall Fotos! Das ist eine doofe Idee! Bähh ...

Finn: Stop! Ich breche das Gespräch hier ab.

2 Haben die Kinder die Gesprächsregeln ihrer Klasse beachtet? **Lies** dir die Gesprächsregeln der Klasse 5a **durch**.

3 **Unterstreiche** im Gespräch die grau markierten Stellen in der richtigen Farbe:

Grün, wenn sich die Kinder an die Gesprächsregeln gehalten haben.

Rot, wenn sie sich nicht an die Gesprächsregeln gehalten haben.

4 Welche Regeln findest du am wichtigsten? **Formuliere** drei Regeln.

1. ______________________________

2. ______________________________

3. ______________________________

5 Warum sind Gesprächsregeln wichtig? **Vervollständige** den Satz.

Gesprächsregeln sind wichtig, weil ______________________________.

Bestandteile einer E-Mail benennen

SB S. 25

1 Die Klasse 5a schreibt eine E-Mail mit ihren Ideen für den Schulhof an die Schülervertretung. **Lies** die E-Mail.

Von:	klasse-5a@schule.de
An:	schülervertretung@schule.de
Betreff:	**Unsere Ideen für den Schulhof**

Liebe Schülerinnen und Schüler der Schülervertretung,

wir möchten euch gerne ein paar
Ideen für den Schulhof vorschlagen: ...

...

Liebe Grüße

Die Schülerinnen und Schüler der Klasse 5a

2 **Beschrifte** die einzelnen Bestandteile der E-Mail. Nutze dafür die **fett gedruckten** Begriffe aus der **LERNBOX**.

LERNBOX

So ist die E-Mail aufgebaut:

Alternativ zu einem persönlichen Brief kannst du eine E-Mail verschicken:
- Die Person, die die E-Mail verschickt, heißt **Absenderin** oder **Absender**.
- Die Person, die die E-Mail bekommt, nennt sich **Empfängerin** oder **Empfänger**.
- Im **Betreff** schreibst du in wenigen Worten, worum es in der E-Mail geht.
- Deinen **Brieftext** schreibst du in ein großes Textfeld.
- Am Ende verabschiedest du dich mit einer **Grußformel** und deinem Namen.

3 Was schreibst du in den Betreff einer E-Mail? **Kreuze an.**

☐ Im Betreff einer E-Mail steht eine ausführliche Zusammenfassung des Inhalts der E-Mail.

☐ Im Betreff steht kurz und knapp das Thema der E-Mail.

4 **Schreibe** den Text der E-Mail **ab** und **füge** einen Hauptteil **hinzu**.

Ein Argument entwickeln

SB S. 21–22

1 Die Klasse 5b möchte der Schülervertretung vorschlagen, dass sie auf dem Schulhof Basketballkörbe aufstellt. Um die Schülervertretung zu überzeugen, hat die Klasse Argumente gesammelt. **Lies** die Behauptungen in den Sprechblasen auf der linken Seite.

Beim Basketball werden wir fit, …

Beim Basketball lernen wir Teamfähigkeit, …

… weil Basketball ein Mannschaftssport ist.

… weil man sich beim Basketball viel bewegt.

2 Einige Kinder haben ihre Meinungen begründet. **Verbinde** die Behauptungen mit den passenden Begründungen auf der rechten Seite durch Linien.

3 Die Klasse möchte die Schülervertretung in einem Brief von ihrer Idee überzeugen. **Ergänze** die passenden Begründungen aus Aufgabe **2** im Brieftext.

Gronau, 15.10.20..

Liebe Schülerinnen und Schüler der Schülervertretung,

wir wünschen uns Basketballkörbe auf dem Schulhof. Beim Basketball werden viele Kinder fit, weil man sich beim Basketball ______________________. Außerdem lernen wir beim Basketball Teamfähigkeit, weil ______________________ ______________________. Deshalb sind wir für die Anschaffung von Basketballkörben für den Schulhof.

____

Die Klasse 5b

4 **Ergänze** eine passende Grußformel im Briefschluss.

Einen argumentativen Brief schreiben

SB S. 29–30

1 Die Schülerinnen und Schüler der Klasse 5a möchten im Pausenraum eine Leseecke einrichten. Um die Schülervertretung zu überzeugen, sammeln sie Argumente. **Lies** das Gespräch.

Mina: Wie können wir die Schülervertretung von einer Leseecke überzeugen?

Finn: In der Grundschule hatten wir eine Leseecke. Dort war es immer so gemütlich und wir durften ein Buch lesen, wenn es draußen in der Pause geregnet hat.

Esad: Genau. Mit einer Leseecke würden viel mehr Kinder lesen, weil sie sich dort in Ruhe auf ein Buch konzentrieren können.

Yasmin: Und wenn wir mit unseren Aufgaben fertig sind, müssen wir uns nicht langweilen, weil wir uns ein Buch aus der Leseecke ausleihen könnten.

Mina: Super, mit diesen Argumenten können wir die Schülervertretung bestimmt überzeugen.

2 Welche Argumente haben die Kinder genannt? **Ergänze** die passenden Begründungen.

In der Pause würden viel mehr Kinder lesen, weil ______________________

____.

Die Kinder würden sich nicht langweilen, wenn sie mit ihren Aufgaben

fertig sind, weil ______________________________________

____.

3 Was spricht noch für eine Leseecke? **Notiere** eine Behauptung mit einer passenden Begründung.

____

____

4 Mina hat einen Brief an die Schülervertretung vorbereitet.
Ergänze im Schreibplan eine passende Anrede.

1. Briefkopf	Gronau, 20.10.20..
2. Anrede: An wen schreibe ich?	______________________
3. Brieftext	in der Grundschule hatten wir eine Leseecke im Pausenraum. Viele Kinder der 5a wünschen sich auch an ihrer neuen Schule eine Leseecke.
Erste Behauptung und Begründung	Mit einer Leseecke würden viel mehr Kinder lesen, weil ______________________ ______________________.
Zweite Behauptung und Begründung	Außerdem würden wir uns mit einer Leseecke nicht langweilen, wenn wir mit unseren Aufgaben fertig sind, weil ______________________ ______________________.
	Deshalb bitten wir euch, eine Leseecke im Pausenraum einzurichten.
4. Briefschluss: Welche Grußformel nutze ich?	______________________ Mina aus der 5a

5 **Ergänze** die Lücken im Brieftext. Nutze dafür deine Ergebnisse aus Aufgabe 2.

6 **Ergänze** eine passende Grußformel im Briefschluss.

7 **Schreibe** den ergänzten Brief aus dem Schreibplan sauber in dein Heft.

8 Finde ein weiteres Argument für eine Leseecke und **ergänze** es in deinem Brief.

Einen argumentativen Brief überarbeiten

SB S. 32

1 Tim möchte die Schülervertretung überzeugen, im Pausenraum eine Leseecke einzurichten. **Lies** seinen Brief.

Γ | Γ Gronau, 22.10.20..

Liebe Schülervertretung,

ich möchte euch vorschlagen, dass wir im Pausenraum eine Leseecke einrichten.
Viele Kinder vermissen die Leseecke aus der Grundschule. Wenn wir eine Leseecke hätten, würden viel mehr Kinder lesen T. Außerdem müssten wir uns nicht langweilen, wenn wir mit unseren Aufgaben fertig sind, weil wir dann einfach etwas lesen könnten. | Γ

Deshalb bitte ich euch, eine Leseecke im Pausenraum einzurichten.

Γ | Γ
Tim

2 In dem Brief sind einige Fehler. Du sollst die Fehler gleich korrigieren. Lies die CHECKLISTE und **kreuze** die Kriterien **an**, die der Brief erfüllt.

CHECKLISTE

So überarbeitest du einen argumentativen Brief:

Überprüfe, ob der Brief die Kriterien enthält.

- ☐ Im Brief stehen **zwei Argumente**.
- ☐ Die Argumente bestehen aus einer **Behauptung** und einer **Begründung**.
- ☐ Der Brief hat alle **Bestandteile**.
- ☐ Der Brief ist **leserlich** geschrieben.

3 **Korrigiere** nun alle Fehler in dem Brief. Nutze dazu den Korrekturrand daneben. Die Korrekturzeichen im Text helfen dir dabei.

Wenn du etwas einfügen willst, schreibst du so: Γ Viele Grüße

4 **Schreibe** den Brief richtig und leserlich in dein Heft.

SB S. 33

Einen argumentativen Brief schreiben

Die Klasse 5c möchte der Schülervertretung vorschlagen, ein großes Klettergerüst auf dem Schulhof aufzustellen. Dafür sammeln sie Argumente.

1 Lies die Behauptungen auf der linken Seite und **verbinde** sie mit den passenden Begründungen auf der rechten Seite.

Auf einem großen Klettergerüst würden wir unser Gleichgewicht trainieren, …

Mit einem großen Klettergerüst würden sich die Kinder mehr bewegen, …

… weil man durch das Klettergerüst Spaß an der Bewegung bekommt.

… weil man für das Klettern Geschicklichkeit braucht.

2 Lukas aus der 5c schreibt einen Brief an die Schülervertretung. **Ergänze** seinen Brieftext mit den Argumenten aus Aufgabe **2**.

1. Briefkopf	Gronau, 20.10.20..
2. Anrede:	Liebe Schülervertretung,
3. Brieftext Erste Behauptung und Begründung Zweite Behauptung und Begründung	wir möchten euch bitten, ein großes Klettergerüst auf dem Schulhof aufzustellen. Dann würden sich die Kinder in der Pause mehr bewegen, weil ______________________ ______________________. Außerdem würden wir spielerisch unser Gleichgewicht trainieren, weil ______________________ ______________________. Deshalb bitten wir euch, ein großes Klettergerüst für den Schulhof anzuschaffen.
4. Briefschluss: Welche Grußformel nutze ich?	______________________ Lukas aus der 5c

3 **Schreibe** den ergänzten Brief sauber in dein Heft.

SB S. 35

Gemeinsam Schule gestalten

	Was denkst du? Kreuze an!			Lass jemand anderen ankreuzen		
Ich kann …	☺	😐	☹	☺	😐	☹
mich auf dem Schulhof orientieren. (S. 5)						
einen Brief schreiben. (S. 6)						
leserlich schreiben und korrigieren. (S. 7)						
Wünsche höflich vortragen. (S. 8)						
Gesprächsverhalten untersuchen. (S. 9)						
Gesprächsregeln aufstellen. (S. 10)						
die Bestandteile einer E-Mail benennen. (S. 11)						
ein Argument entwickeln. (S. 12)						
einen argumentativen Brief schreiben. (S. 13–14)						
einen argumentativen Brief überarbeiten. (S. 15)						
das, was ich gelernt habe, in dem Kompetenzcheck anwenden. (S.16)						

Hier ist Platz für eine Rückmeldung:

____

____

____

____

____

Auf Spurensuche

SB S. 38–39

1 Hier ist ja was los! **Schau** dir die Abbildung genau **an**.

2 Ergänze die Steckbriefe. Schreibe die Wörter der **SPRACHBOX** in die Lücken und **trage** die Namen **ein**.

SPRACHBOX

schießt Beweisbilder – schreibt Berichte – vergrößert Dinge – fotografiert – betrachtet genau – tippt am Computer

Name: 

____

Aufgaben: __________

____

____

____

Name: 

____

Aufgaben: __________

____

____

____

Name: 

____

Aufgaben: __________

____

3 Welche Aufgabe der Detektive würdest du in dem Fuchs-Team am liebsten übernehmen? **Vervollständige** den Satz.

Ich würde gerne ______________________, weil ______________________

____.

Das Hörverstehen trainieren

SB S. 40–41

1 Alexander Schrumpf ist ein echter Privatdetektiv. Er erzählt von seinem spannenden Alltag. **Höre** dir **an**, was Alexander Schrumpf in seinem Beruf alles erlebt.

WES-126449-002
Hörtext

2 **Lies** die Fragen:

Von welchen Aufgaben erzählt Alexander Schrumpf?

 ☐
 ☐
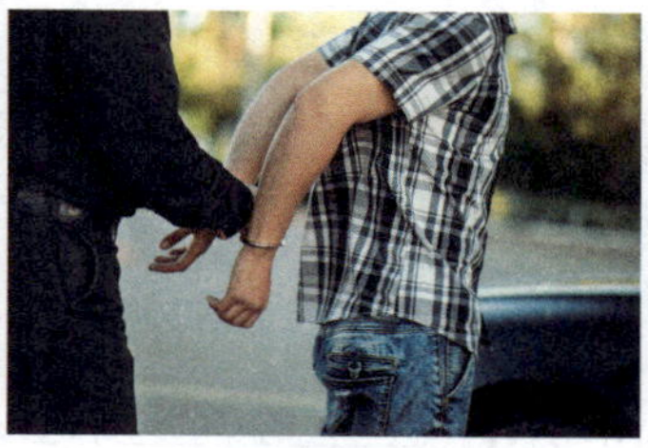 ☐
 ☐

An wen werden die Ermittlungen häufig übergeben?

- ☐ die Polizei
- ☐ den Täter
- ☐ andere Detektive

Was muss Alexander Schrumpf am Tatort beachten?

- ☐ die Unordnung aufräumen
- ☐ nichts am Tatort verändern
- ☐ keine eigenen Spuren hinterlassen

Was ist der Beruf von Alexander Schrumpf? Er ist ein ...

P			v		t						t		

Was schreibt Alexander Schrumpf, wenn ein Fall geklärt wurde?
Er schreibt einen ...

B						t

3 **Beantworte** die Fragen. Manchmal sind mehrere Antworten richtig.

4 **Kreuze an**, wozu ein Bericht geschrieben wird.

- ☐ Ein Bericht fasst die Ergebnisse von Ermittlungen zusammen.
- ☐ Ein Bericht soll lustig sein und unterhalten.

Informationen sammeln

SB S. 42–43

1 Melinda aus der 6a ruft bei den Füchsen an. Lies die Sprechblase und **schreibe auf**, was Melinda passierte:

MELINDA

Hallo, hier ist Melinda, mir ist etwas ganz Schlimmes passiert! Beim Schlauchboot-Rennen hat jemand Luft aus meinem Boot gelassen. Ich musste das Rennen leider abbrechen.

Melinda musste ______________________________

______________________________ abbrechen.

2 **Notiere** mithilfe des Bildes, **wann** und **wo** es passierte.

Es passierte am ______________ gegen

________ Uhr am ______________ Hafen.

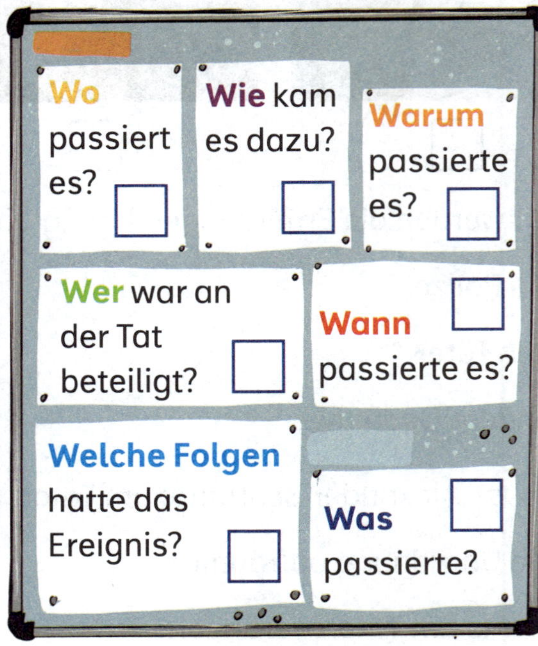

3 **Kreuze an**, welche Fragen von der Pinnwand noch geklärt werden müssen.

4 **Höre** dir **an**, was der Angler beobachtet hat. **Kreuze** die richtigen Antworten an.

WES-126449-003 Hörtext

Wie kam es dazu?

- ☐ Melinda holte sich ein Eis.
- ☐ Frederick ließ Luft heraus.
- ☐ Das Boot hatte ein Loch.

Warum passierte es?

- ☐ Frederick wollte gewinnen.
- ☐ Das Boot war schon alt.
- ☐ Melinda wollte nicht starten.

Wer war an der Tat beteiligt?

☐ der Angler ☐ Frederick ☐ der Schulleiter

5 **Notiere** mithilfe des Bildes, **welche Folgen** das Ereignis hatte.

Frederick ______________________ sich bei ______________________.

Klar und deutlich sprechen

SB S. 44

WES-126449-004
Hörtext

1 Das Schlauchboot-Rennen wurde wiederholt. Da Mark an dem Tag nicht dabei sein konnte, berichtet Hassan ihm von dem Rennen. **Höre** dir Hassans Bericht **an**.

2 **Lies** in der **LERNBOX**, was bei einem Bericht wichtig ist.

LERNBOX

So sprichst du klar und deutlich:

- Mache **Pausen** beim Sprechen.
- Sprich **nicht zu schnell**.
- Sprich die **Endungen** deutlich aus. Renn**en**, Luf**t**, Haf**en**.
- Betone den **Anfang eines Wortes** (Anlaut): **R**ennen, **L**uft, **H**afen.

3 **Kreuze** die Regeln **an**, die Hassan eingehalten hat. Hassan ...

- ☐ betont den Anfang der Wörter,
- ☐ spricht nicht zu schnell,
- ☐ spricht die Endungen der Wörter,
- ☐ macht Pausen.

4 **Lies** dir Hassans Notizen für seinen Bericht **durch**.

Was ist passiert?	Das Schlauchboot-Rennen wurde wiederholt.
Wer war beteiligt?	Alle Schülerinnen und Schüler traten wieder gegeneinander an.
Wann und **wo** passierte es?	Das Rennen fand am 25.08. gegen 14 Uhr am Dortmunder Hafen statt.
Wie verlief das Rennen?	Nach dem Start hatte Frederick einen großen Vorsprung. Frederick musste aber plötzlich wegen einiger Enten langsamer rudern. Melinda konnte den Abstand aufholen.
Welche Folgen hatte das Ereignis?	Melinda und Frederick erreichten zur selben Zeit das Ziel. Beide erhielten einen Pokal.

5 **Schreibe** die Sätze in richtiger Reihenfolge auf einen Spickzettel.

6 Suche dir einen ruhigen Ort, an dem du das Berichten üben kannst. Nutze deinen Spickzettel. **Übe** so:
Lies die Sätze auf deinem Spickzettel mehrmals laut **vor**.
Berichte dir selber leise über den Fall.

7 **Berichte** einer Lehrkraft, einer Lernpartnerin oder einem Lernpartner von dem Ereignis und lass dir eine Rückmeldung geben.

METHODE

SB S. 45

Aus Stichpunkten Sätze schreiben

1 Die Füchse sollen einen Bericht für die Schülerzeitung aus ihren Stichpunkten schreiben. **Lies** die Stichpunkte.

W-Fragen:	Stichpunkte:	Vollständige Sätze:
Was passierte?	Melinda Schlauchboot-Rennen beenden	
Wer war beteiligt?	Frederick	war beteiligt.
Wann passierte es?	13.08.2020, gegen 14 Uhr	
Wo passierte es?	Dortmunder Hafen	Es passierte am
Wie kam es dazu?	Frederick öffnete Ventil	
Warum passierte es?	wollte Rennen gewinnen	
Welche Folgen hatte das Ereignis?	entschuldigte sich	

2 Welche Merkmale haben Stichpunkte? **Kreuze an.**

Stichpunkte umfassen ... Informationen.

☐ alle ☐ nur die wichtigsten

Stichpunkte enden mit ... Satzschlusszeichen (., ?, !).

☐ einem ☐ keinem

SPRACHBOX

das – musste – . – Schlauchboot-Rennen – Melinda – beenden – passierte – 14 Uhr – 13.08.2020 – Es – am – gegen

3 Lies die **LERNBOX** und **schreibe** aus den Stichpunkten Sätze. Nutze dazu die **SPRACHBOX**.

LERNBOX

So schreibst du aus Stichpunkten Sätze:

- **Verwende** in einem Satz ein **Subjekt** mit Artikel (zum Beispiel: das Schlauchboot) und ein **Prädikat** (zum Beispiel: schwimmt).
- **Beende** deinen Satz mit einem passenden **Satzzeichen** (., ?, !).

Einen Bericht gliedern

SB S. 47–49

1 Die Detektive haben einen neuen Fall gelöst. Lucia hat versucht, einen Bericht über den Fall zu schreiben. Leider ist beim Schreiben die Reihenfolge durcheinandergeraten. **Lies** die folgenden Textabschnitte.

☐ ______________ In dem Haus waren zu dem Zeitpunkt nur Maurice und seine Eltern.

☐ ______________ Das Fuchs-Team legte den Igel in den Schulgarten.

☐ ______________ Das alles passierte im Keller von Maurice' Haus an der Vogelstraße 4 in Dortmund.

☐ ______________ Der kleine Igel hatte sich im Garten in einem Korb mit Äpfeln versteckt. So war er in den Keller gekommen.

☐ ______________ Seit Tagen war nachts ein unheimliches Rumpeln zu hören. Maurice hatte den Grund für das Geräusch gesucht, hat aber nichts finden können.

☐ ______________ Das erste Mal geschah es vor drei Tagen, am 02.09.2022, und seitdem in jeder Nacht.

☐ Der Fall Igel

☐ Warum? ______________ Der Igel hatte großen Hunger und aß die Äpfel. Dabei fielen sie auf den Boden.

2 Einige Textstellen sind unterstrichen. Entscheide, auf welche Frage diese Textstellen Antworten geben. **Trage** deine Lösung auf der Linie **ein**.

Was? Wer? Wann? Wo? Wie? Warum? Welche Folgen?

3 **Unterstreiche** in den anderen Sätzen die Textstellen, die Antworten auf die W-Fragen geben.

4 **Schreibe** die passenden Fragen an die Textstellen auf die Linien.

5 **Lies** die **LERNBOX** zur Reihenfolge der W-Fragen.

LERNBOX

Ein Bericht ist in **Einleitung**, **Hauptteil** und **Schluss** unterteilt. In jedem Abschnitt werden bestimmte **W-Fragen** beantwortet.

Einleitung: **Wann** passierte es?
Was passierte?
Wo passierte es?
Wer war an der Tat beteiligt?

Hauptteil: **Wie** kam es dazu?
Warum passierte es?

Schluss: **Welche Folgen** hatte das Ereignis?

Berichte schreibst du immer im **Präteritum** (einfache Vergangenheit), zum Beispiel: entdeckte, ermittelte, löste.

6 Bringe den Text und die Überschrift in die richtige Reihenfolge. **Trage** dazu die Zahlen 1 bis 8 in die Kästchen bei den Textabschnitten **ein**.

7 **Trage** die Buchstaben, die neben den Textabschnitten in den Igeln stehen, unten **ein**. Wenn du die Textabschnitte richtig geordnet hast, erfährst du, wie der Igel heißt.

1	2	3	4	5	6	7	8
____	____	____	____	____	____	____	____

8 In den Sätzen sind drei Verben gelb markiert. **Schaue** dir die Verben **an**.

9 **Kreuze an**, in welcher Zeit die Verben stehen. Das ist die Zeit, in der der Bericht geschrieben werden muss.

☐ Präsens (Gegenwartsform)

☐ Präteritum (einfache Vergangenheitsform)

10 Ist es wichtig, dass ein Bericht in der richtigen Reihenfolge geschrieben wird? **Kreuze** die richtigen Antworten **an**.

☐ Ja, weil die Informationen aufeinander aufbauen.

☐ Ja, weil ich den Verlauf der Tat sonst nicht richtig verstehen kann.

☐ Nein, ich kann mir die Reihenfolge der Informationen aussuchen.

11 **Schreibe** den Bericht ohne Fehler in dein Heft.

Einen Bericht schreiben

SB S. 52–53

1 Basti meldet sich bei den Detektiven, da ihm etwas Schlimmes passiert ist. **Schaue** dir das Bild der Krimikamera **an**. Was ist hier passiert?

2 Hassan hat sich wichtige Stichpunkte zu dem Fall notiert. **Ordne** die Stichpunkte dem Bild **zu**, indem du in die Kästchen die Zahlen der Bilder schreibst.

☐ drei Sammelkarten von Basti gestohlen – ☐ eine Elster – ☐ Elstern mögen glänzende Gegenstände – ☐ durch das Fenster geklettert – ☐ Westfalenstraße 5 in Dortmund – ☐ am 19.08. gegen 14:00 Uhr

3 **Lies** in der **LERNBOX nach**, wie du einen Bericht schreibst.

LERNBOX

So schreibst du einen Bericht:
- Nutze die Tabelle, in der die W-Fragen in der **richtigen Reihenfolge** stehen.
- Beantworte alle **W-Fragen** und notiere die Antworten in der **Tabelle**.
- Beantworte die W-Fragen **richtig und vollständig**.
- Schreibe im **Präteritum** (einfache Vergangenheit: kletterte, setzte).

4 **Schreibe** die Stichpunkte und die Informationen aus den Bildern in die Tabelle. SB S. 52–53

Einleitung	**Wann** passierte es?	
	Was passierte?	
	Wo passierte es?	
	Wer war beteiligt?	
Hauptteil	**Wie** kam es dazu?	
	Warum passierte es?	
Schluss	**Welche Folgen** hatte das Ereignis?	Basti hat seinen Schreibtisch aufgeräumt und ein Fliegengitter angebracht.

5 **Vervollständige** Hassans Bericht mit den Informationen aus der Tabelle. Achte auf die richtige Zeitform der Verben (Präteritum).

Einleitung	Am ___ wurden gegen ___ Uhr ___ von Basti gestohlen. Der Diebstahl ereignete sich in der ___ in Dortmund. Es stellte sich heraus, dass der Täter eine ___ war.
Hauptteil	Die Detektive fanden heraus, dass die Elster ___ ___. Die Elster tat das, weil ___, und nahm die Sammelkarten mit.
Schluss	Als Basti die Karten wieder zurückhatte, ___ ___ auf und brachte ein ___ ___ im Fenster an. Elstern und andere Vögel können nun nicht mehr durch das Fenster kommen.

6 **Schreibe** den Bericht in dein Heft **ab**.

MEDIEN

SB S. 50

Am Computer schreiben

1 Lucia möchte den Bericht zum Fall Elster am Computer schreiben. **Lies** in der **LERNBOX**, wie sie dafür vorgehen muss.

LERNBOX

So schreibst du einen Text am Computer:
- Öffne das **Textverarbeitungsprogramm** an deinem Computer.
- **Speicher** deine Datei an einem Ort deines Computers ab. Benenne den Ordner möglichst genau: Datei → speichern unter → Neuer Ordner (zum Beispiel: Detektivberichte Klasse 5a).
- Gib deiner Datei einen **passenden Namen** (z. B.: Bericht zum Fall Elster).
- **Tippe** den Text **ab**. Nutze die **Enter-Taste**, **Shift-Taste** und **Leertaste**.
- Speicher am Ende noch einmal ab.

2 **Öffne** das Textverarbeitungsprogramm an deinem Computer.

3 **Schau** dir über den Webcode **an**, wie du dein Dokument abspeicherst, damit es nicht verloren geht. Speichere dein Dokument ab.

WES-126449-005
Arbeitsblatt
Abspeichern

4 **Schaue** dir die Tastatur unten **an** und **male** die folgenden Tasten farbig **aus**.

Shift-Taste

Leertaste

Enter-Taste

WES-126449-006
Arbeitsblatt
Tastatur

5 **Suche** die Tasten auf der Tastatur deines Computers.

6 Lies die Informationen zu den Tasten. **Verbinde** sie dann mit den Abbildungen.

Schreibe große Buchstaben mit der Shift-Taste.
Drücke zwischen den Wörtern die Leertaste.
Beginne mit der Enter-Taste eine neue Zeile.

7 **Schreibe** den Bericht am Computer mithilfe der Anweisungen aus Aufgabe **1** **ab**. Wenn du fertig bist, klicke noch einmal auf „Speichern“.

Einen Bericht überarbeiten

SB S. 55–56

1 Lucia hat einen Bericht über den Fall Elster geschrieben. **Lies** ihren Bericht.

Der Fall Elster	
Am ↳13.07.↲ (19.08.) werden gegen ↳13 Uhr↲ drei seltene	↳19.08↲, T wurden, ↳14 Uhr↲
Sammelkarten von Basti gestohlen. Der Diebstahl	
passiert an der Westfalenstraße 5 in ↳Recklinghausen↲.	T passierte, ↳Dortmund↲,
Es stellt sich heraus, dass der Täter eine ↳Taube↲ war.	T stellte, ↳Elster↲
Die ↳Polizei↲ findet heraus, dass ↳Tauben↲ glänzende	↳Detektive↲, T fanden, ↳Elstern↲
Gegenstände mögen. Um an die Karten zu kommen,	
war die Elster durch ↳die Haustür↲ geflogen und hatte	↳das Fenster↲
die Karten mitgenommen. Als Basti die Karten wieder	
zurückhatte, räumt er ______________________	T räumte
______________________.	

2 **Lies** in der **CHECKLISTE nach**, was es alles bei einem Bericht zu beachten gibt.

CHECKLISTE

So überarbeitest du einen Bericht:

Überprüfe, ob dein Bericht alle wichtigen Informationen enthält.
Korrigiere alle Fehler, die du findest.

- ☐ Alle **W-Fragen** werden in der Tabelle beantwortet.
- ☐ Die Antworten auf die W-Fragen stehen in der **richtigen Reihenfolge**.
- ☐ Du beantwortest die W-Fragen **richtig und vollständig**.
- ☐ Du schreibst im **Präteritum** (**Vergangenheit:** kletterte, setzte)?

INFO

Die Korrekturzeichen:

T = Zeitform

↳↲ = austauschen

3 Werden alle W-Fragen beantwortet? **Markiere** alle Antworten im Text.

4 **Schreibe** die fehlende Antwort auf die Linie.

5 Verbessere alle Fehler mithilfe der Korrekturzeichen vom Rand, indem du die richtigen Angaben darüber **schreibst**.

6 **Schreibe** den Bericht ohne Fehler an deinem Computer **ab**.

KOMPETENZCHECK

SB S. 57–58

Einen Bericht schreiben

1 Lucia erwartet eine böse Überraschung, als sie nach Hause kommt. Wer macht denn sowas? **Schau** dir die Bilder der Krimi-Kamera genau **an**. Was ist hier passiert?

2 Lucia hat sich wichtige Stichpunkte zu dem Fall notiert. **Ordne** die Stichpunkte den Bildern **zu**, indem du in die Kreise die Zahlen der Bilder schreibst.

13.10.2022, 19 Uhr ◯ – Krähen ◯ – Lucia ◯ – Müll überall verteilt ◯ – Müllbeutel mit spitzen Schnäbeln durchgeschnitten ◯ – essen gerne Lebensmittelreste ◯ – Müll aufgehoben ◯ – Müll in die Tonne geschmissen ◯ – Stein auf Mülltonne gelegt ◯ – Vorgarten, Franzstraße 7 ◯

3 **Trage** die Stichpunkte in die Tabelle **ein**. Streiche alle Stichpunkte weg, die du verwendet hast.

Einleitung	**Was** passierte?	
	Wer war beteiligt?	
	Wann passierte es?	
	Wo passierte es?	
Hauptteil	**Wie** kam es dazu?	
	Warum passierte es?	
Schluss	**Welche Folgen** hatte das Ereignis?	

4 **Vervollständige** Lucias Bericht über den Fall. Benutze dazu die Informationen aus der Tabelle.

Am ______________ stellte Lucia gegen ______________ Uhr fest, dass im ______________ der ______________ auf dem Boden ______________ verteilt war.

Es stellte sich heraus, dass ______________ mit ihren spitzen ______________ die ______________ aufgeschnitten hatten. Sie gingen an den Müll, weil sie ______________ ______________.

Am Ende ______________ und ______________. Sie legte einen ______________ ______________.

5 **Überprüfe** deinen Bericht mithilfe der **CHECKLISTE** von Seite 28.

6 **Schreibe** den Text ohne Fehler an deinem Computer **ab**.

SB S. 60

Auf Spurensuche

	Was denkst du? Kreuze an!			Lass jemand anderen ankreuzen.		
Ich kann ...	☺	😐	☹	☺	😐	☹
das Fuchs-Team beschreiben. (S. 18)						
Fragen zu einem Hörtext beantworten. (S. 19)						
Informationen aus Bildern und Texten sammeln. (S. 20)						
klar und deutlich sprechen. (S. 21)						
aus Stichpunkten Sätze schreiben. (S. 22)						
einen Bericht in die richtige Reihenfolge bringen. (S. 23–24)						
einen Bericht schreiben und dabei • alle W-Fragen beantworten • alle Antworten auf die W-Fragen in die richtige Reihenfolge bringen • im Präteritum berichten. (S. 25–26)						
einen Bericht am Computer schreiben. (S. 27)						
einen Bericht überarbeiten. (S. 28)						
das, was ich gelernt habe, in dem Kompetenzcheck anwenden. (S. 29–30)						

Hier ist Platz für eine Rückmeldung:

____

____

____

____

Von einem, der auszog, ...

SB S. 64–65

1 **Ordne** die Nummern aus dem Bild dem Text **zu**: Welche Handlung passt zu welchem Bild?

◯ Ein einsames Mädchen verlässt ihren Garten, um einen Freund zu suchen.

◯ Jack klettert von seinem Haus aus eine Zauberbohnenranke hoch hinauf bis in den Himmel. Er stiehlt einem Riesen goldene Gegenstände, damit er und seine Mutter nicht mehr arm sein müssen.

◯ Ein Müller ist in eine Prinzessin verliebt. Damit der König die Hochzeit erlaubt, reitet der Müller von zu Hause weg und muss Prüfungen bestehen.

2 In allen Geschichten „zieht die Hauptfigur aus“. Was bedeutet das Wort „ausziehen“ in einem Märchen? **Kreuze an**:

☐ die Wohnung wechseln ☐ von zu Hause weggehen

3 **Unterstreiche** in den Sätzen von Aufgabe 1 farbig: Warum wollen der Müller, Jack und das einsame Mädchen ihr Zuhause verlassen?

4 **Schreibe** ins Heft: Was für ein Abenteuer würdest du gern erleben?

BASIS

SB S. 66–70

Ein Märchen vorlesen

1 **Lies** die **LERNBOX**.

LERNBOX

So liest du einen Text gut vor:

- Lies den Text **langsam Silbe für Silbe**.
- Lies **laut genug**, so dass man dich gut hören kann.
- Sprich jede Silbe **deutlich**. **Öffne den Mund weit**.

2 **Lies** nun das Märchen betont, laut und deutlich **vor**.

Jack und die Bohnenranke, nach Joseph Jacobs

(1) Es waren einmal eine arme Mutter und ihr Sohn Jack. Sie verkauften die Milch ihrer Kuh, um Geld zu verdienen. Eines Tages gab die Kuh keine Milch mehr. Verzweifelt wollte Jack die Kuh verkaufen. Plötzlich traf er einen komischen, alten Mann. Er wollte die Kuh gegen ein paar Zauberbohnen tauschen. Jack tauschte die Kuh gegen die Bohnen.

(2) Die Mutter war sehr wütend. Die Bohnen warf sie ins Beet. Am nächsten Morgen waren die Bohnen zu einer riesigen Bohnenranke gewachsen. Sie reichte bis in den Himmel.

(3) Sofort kletterte Jack die Bohnenranke hinauf. Er kam zum Haus eines Riesen. Die Frau des Riesen gab Jack ein leckeres Frühstück. Dann kam ihr Mann nach Hause. Er war ein schrecklicher Riese, der Menschen frisst. Die Frau versteckte Jack im Ofen. Der Riese holte drei Säcke Gold hervor und schlief ein. Leise nahm Jack einen Sack Gold und kletterte die Bohnenranke hinunter zurück nach Hause.

(4) Bald stieg Jack die Bohnenranke erneut hinauf. Diesmal stahl Jack eine Henne, die goldene Eier legte. Jack wollte noch mehr Gold holen. Deswegen kletterte er wieder die Bohnenranke hinauf. Er stahl dem Riesen eine goldene Harfe. Sie konnte aber sprechen und warnte den Riesen.

(5) Schnell rannte der Riese hinter Jack her. Jack kletterte die Bohnenranke hinab und fällte sie mit einer Axt. Der Riese fiel die Ranke hinunter und brach sich das Genick. Jack und seine Mutter verdienten viel Geld mit dem Gesang der Harfe und den goldenen Eiern. Jack heiratete eine Prinzessin. Sie lebten glücklich bis an ihr Lebensende.

die Bohnenranke: Bohnenpflanze, die sehr hoch wächst.

stehlen: jemandem etwas ohne Erlaubnis wegnehmen

die Henne: weibliches Huhn

die Harfe:

Märchenmerkmale erkennen

SB S. 70–71

1 **Nummeriere** den Inhalt des Märchens „Jack und die Bohnenranke“ in der richtigen Reihenfolge.

☐ Als das Gold aufgebraucht war, kletterte Jack ein zweites Mal die Bohnenranke hinauf. Er stahl dem Riesen eine goldene Henne. Sie legte goldene Eier. Aber Jack wollte noch mehr Gold haben. Er kletterte hoch und stahl dem Riesen eine goldene Harfe. Sie sang wunderschön. Die Harfe warnte den Riesen.

1 Es waren einmal Jack und seine Mutter. Beide waren arm. Jack tauschte ihre Kuh gegen ein paar verzauberte Bohnen.

☐ Jack kletterte bis in den Himmel hinauf. Oben im Himmel fand er das Haus eines Riesen. Er war ein Menschenfresser. Jack stahl dem Riesen einen Sack Gold und kehrte nach Hause zurück.

☐ Der Riese lief Jack hinterher und wollte ihn auffressen. Schnell kletterte Jack die Ranke hinunter und fällte sie. Der Riese brach sich beim Herunterfallen das Genick und starb. Jack und seine Mutter wurden von dem Gold reich. Jack heiratete eine Prinzessin. Und wenn sie nicht gestorben sind, dann leben sie noch heute.

☐ Die Mutter war wütend auf Jack. Sie warf die Bohnen nach draußen. Die Bohnen wuchsen über Nacht zu einer Ranke.

2 **Schreibe** den Text in der richtigen Reihenfolge in dein Heft **ab**.

3 **Lies** nun die **LERNBOX**.

LERNBOX

Folgende Märchenmerkmale findest du in vielen Märchen:

- Es gibt **typische Anfangsworte**, wie „Es war einmal“.
- Es gibt meistens **typische Worte am Ende**, wie „Und sie lebten glücklich bis an ihr Lebensende.“
- Das **Ende** ist meistens **glücklich**.
- **Typische Märchenfiguren** sind der Riese, die Prinzessin, der Zwerg ...
- Die **Hauptfigur** ist oft in einer **schwierigen Situation**.
- Die Hauptfigur **zieht häufig aus**, um eine **Aufgabe zu lösen** und **Abenteuer zu erleben**.
- Die Figuren haben **gegensätzliche Eigenschaften**, wie gut und böse.
- Das Märchen wird in der **Vergangenheit** geschrieben.

4 **Markiere** alle Märchenmerkmale in deinem abgeschriebenen Text aus Aufgabe **2** mit den Farben aus der **LERNBOX**.

5 Ist „Jack und die Bohnenranke" ein echtes Märchen? **Kreuze** die Merkmale in der Checkliste **an** und **schreibe** die Merkmale aus Aufgabe **4** in die Erklärung.

Märchenmerkmal	Vorhanden?	Erklärung
A Gibt es typische Anfangsworte im Märchen?	☐ Ja ☐ Nein	Die Anfangswörter des Märchens sind „________ …"
B Gibt es einen typischen Satz am Ende?	☐ Ja ☐ Nein	Der Satz am Ende lautet „________ ________"
C Hat das Märchen ein glückliches Ende? Welches?	☐ Ja ☐ Nein	Das Märchen endet damit, dass Jack ________ ________.
D Gibt es typische Märchenfiguren?	☐ Ja ☐ Nein	Die typischen Märchenfiguren sind ________ ________.
E Gibt es eine schwierige Situation?	☐ Ja ☐ Nein	Jack und seine Mutter sind ________.
F Zieht Jack aus, um eine Aufgabe zu lösen oder ein Abenteuer zu erleben?	☐ Ja ☐ Nein	Jack klettert ________ ________ ________.
G Haben Jack und der Riese gegensätzliche Eigenschaften?	☐ Ja ☐ Nein	Jack ist arm. Der Riese ist ________.

6 **Vervollständige** den Satz.

Das Märchen „Jack und die Bohnenranke" ist ☐ ein ☐ kein echtes

Märchen, weil ____.

SB S. 72–74

Lesemethode für erzählende Texte

1 **Lies** die **LERNBOX**.

LERNBOX

So liest du einen Text mit Methode:

1. **Schritt:** Lies die **Überschrift** und schau dir die **Bilder** an. Vermute: Worum könnte es in dem Text gehen?
2. **Schritt:** Lies den Text und erkläre alle **schwierigen Wörter**.
3. **Schritt:** Markiere die wichtigsten Wörter (**Schlüsselstellen**).
4. **Schritt:** Gib jedem Sinnabschnitt eine **Überschrift**. Schreibe zu jedem Sinnabschnitt **Stichwörter** heraus.

2 **Lies** nun das Märchen „Rüßchen" mit der Lesemethode.

1. Schritt: Sieh dir die Überschrift und das Bild an. Worum geht es?

2. Schritt: Lies den Text.

Rüßchen, nach Jana Tillmann (2020)

(1) Das einsame Rüßchen
Es war einmal ein alter Bergmann. Er wohnte mit seiner Tochter Rüßchen in einem kleinen Reihenhaus. Der Vater arbeitete den ganzen Tag. Rüßchen arbeitete gerne im Garten. Eines Tages fühlte sich Rüßchen sehr allein. Sie dachte: „Ich muss mir einen Freund suchen, damit es mir besser geht."

(2) ____________________
Rüßchen wollte sich zuerst einen sportlichen Freund suchen. Deswegen ging sie zu einem Fußballplatz. Rüßchen lernte einen netten Fußballspieler kennen. Doch der erzählte ihr nur etwas über Fußball und beobachtete den Ball. Rüßchen war traurig.

(3) ____________________
Dann wollte Rüßchen einen Freund, der dieselben Hobbys hat wie sie. In einem Vorgarten lernte sie ein nettes Mädchen kennen. Sie unterhielten sich gut und verabredeten sich für den nächsten Tag. Aber das Mädchen vergaß sie. Rüßchen war enttäuscht.

(4) ___

Nun ging sie zu ihrem Lieblingsort. Es war eine versteckte Bank am Fluss. Ein Junge kam. Sie erzählte ihm von ihren erfolglosen Versuchen, einen Freund zu finden. Sie konnten sich so gut unterhalten, dass sie nicht merkten, wie schnell es Abend wurde. Seitdem trafen sie sich jeden Tag auf der Bank und wurden beste Freunde.

3 Erkläre die schwierigen Wörter im Text. **Verbinde** sie mit der richtigen Bedeutung.

(A) das Reihenhaus	**1** Mann, der Löcher in einen Berg gräbt und Kohle herausholt.
(B) der Bergmann	**2** Ein Haus, das mit anderen Häusern eine Reihe bildet.

3. Schritt: **Markiere** wichtige Schlüsselstellen wie im Beispiel. Das sind Wörter, wie die Namen der Personen und was sie tun oder fühlen. Nutze die **SPRACHBOX**, um alle Schlüsselstellen zu finden.

4. Schritt: **Schreibe** im Text über jeden Abschnitt eine Überschrift. **Schreibe** die markierten Schlüsselstellen zu dem Sinnabschnitt.

SPRACHBOX

gut unterhalten – Fußballspieler –Vorgarten – nettes Mädchen – sportlichen Freund – traurig – vergaß – enttäuscht – versteckte Bank – Fluss – Junge – dieselben Hobbys – beste Freunde

Abschnitt 1:

Bergmann, ___

Abschnitt 2:

Fußballplatz, ___

Abschnitt 3:

___

Abschnitt 4:

___

4 Wie hast du deine beste Freundin oder deinen besten Freund gefunden? **Schreibe** deine Erlebnisse in dein Heft.

Ein Märchen untersuchen

SB S. 80

1 **Lies** die **LERNBOX**.

LERNBOX

So verläuft der Märchenweg:

- **Einleitung:** Oft **zieht** die Hauptfigur von zu Hause **fort**, weil sie in einer schwierigen Situation ist.
- **Hauptteil:** Die Hauptfigur **besteht** auf ihrer Reise **Aufgaben** oder **Abenteuer**.
- **Schluss:** Die Hauptfigur kehrt meistens erfolgreich zurück nach Hause. Es gibt ein **glückliches** Ende (z. B. eine Hochzeit).

2 Die Teile des Märchenwegs kannst du mit W-Fragen herausfinden. **Markiere** die Fragen in der passenden Farbe: Einleitung, Hauptteil und Schluss.

Wer kommt am Anfang vor?

Wo wohnen die Figuren?

Warum geht die Hauptfigur von zu Hause weg?

Wohin geht die Hauptfigur?

Was erlebt sie auf ihrem Weg?

Welches Ziel hat die Hauptfigur am Ende erreicht?

3 **Ordne** die W-Fragen den Bausteinen des Märchens „Rüßchen“ **zu**.

A _______________?
Rüßchen ist einsam.

B _______________?
Zu einem Sportplatz, einem Vorgarten und ihrer Lieblingsbank

C ___Wer___?
Rüßchen, alter Vater (Bergmann)

D _______________?
Redet mit dem Fußballspieler und dem Mädchen, findet dann einen Freund an ihrem Lieblingsplatz.

E _______________?
Rüßchen hat einen Freund gefunden.

F _______________?
Reihenhaus

Nach einer Bilderreihe schreiben

SB S. 83

1 Dies ist ein Märchen als Bildergeschichte. **Erzähle** das Märchen mündlich.

2 Wie könnte das Märchen enden? **Erzähle** den letzten Teil des Märchens.

3 **Male** nun ein Bild von deinem ausgedachten Ende in das leere Kästchen am Ende der Bildergeschichte.

4 **Schreibe** ein Märchen zu den Bildern. Beachte dabei die W-Fragen des Märchenweges. Nutze als Hilfestellung die Wörter aus der **SPRACHBOX**.

SPRACHBOX

Prinzessin – Müller verliebte sich – ritt zum Schloss – ging zum König – heiraten darf – Prinzessin vom Drachen gefangen – Prinzessin retten – Wolf griff an – tötete Wolf – kämpfte – tötete Drachen

Bild 1: Es war einmal ein armer Müller. Er ging am Fluss spazieren und traf ...

___

Bild 2: Der Müller ritt zum ...

___

Bild 3: Der arme Müller kniete vor dem König. Er fragte, ob er ...

___

Bild 4: Der König erzählte dem armen Müller, dass ...

___

Bild 5: Schnell ritt der arme Müller mit einem Schwert bewaffnet los. Er ...

___

Bild 6: Sein Weg führte den Müller durch einen dunklen Wald. Dort ...

___

Bild 7: ___

___

Bild 8: ___

___

Und wenn sie nicht gestorben sind, dann ...

___

5 **Schreibe** dein Märchen komplett in dein Heft ab.

6 Denke dir ein weiteres Märchen aus und **schreibe** es in dein Heft.

Ein eigenes Märchen planen

SB S. 83–85

1 Jetzt sollst du ein eigenes Märchen erfinden. **Lies** dazu die **LERNBOX**.

LERNBOX

So füllst du eine Mindmap für deine Märchenidee aus:

Entscheide, was geschehen soll, und fülle die Mindmap aus:
- Welche **schwierige Situation** gibt es?
- Welche **gegensätzlichen Eigenschaften** kommen vor?
- Welche **typischen Figuren** gibt es?
- Welche zwei **Abenteuer** erlebt die Hauptfigur?
- Welches **glückliche Ende** gibt es?

2 Schau dir das Bild an und **fülle** den Arm Einleitung **aus**.

Märchenplan

Einleitung

Hauptfigur: Prinz
Ort: dunkler Wald
schwierige Situation:
____
____

Hauptteil

Abenteuer:
1. verirrt sich im Wald, trifft ...
____________________.

2. ____________________

Gegensätzliche Eigenschaften: ____________________

Schluss

glückliches Ende:
____
____

SPRACHBOX

Hexe – Zwerg – Igel
verzaubert den Riesen – überlistet den Riesen – tötet den Riesen mit seinem Schwert
wird reich – heiratet die Prinzessin – wird König

3 **Fülle** den Rest der Mindmap **aus**. Du kannst die **SPRACHBOX** nutzen.

Ein Märchen nach Plan schreiben

SB S. 85

1 Jetzt sollst du ein eigenes Märchen aufschreiben. **Lies** dazu die **LERNBOX**.

LERNBOX

So schreibst du ein gutes Märchen:

- **Alle Erzählschritte** aus der Mindmap sind im Märchen vorhanden.
- Schreibe im **Präteritum** (Vergangenheit): kämpf**te**, mach**te** ...
- Verwende passende **Adjektive**, wie klug, schön, alt, hässlich ...
- Es gibt eine **Überschrift**.

2 **Schreibe** nun die Einleitung und das erste Abenteuer aus dem Hauptteil **auf**. Nutze dafür deine Mindmap.

Einleitung:
Hauptfigur — Es war einmal ein Prinz. Sein Vater, der König, war ein mächtiger Herrscher. Er wollte, dass der Prinz ...

Ort ______________________

Schwierige Situation ______________________

____

Hauptteil:
Erstes Abenteuer — Sofort stieg der Prinz auf sein Pferd und ritt in den dunklen Wald. Doch dann kam er vom Weg ab und verirrte sich. Er traf ...

____

____

____

____

3 **Vervollständige** nun den Hauptteil deiner Geschichte. Achte auf den orangen Arm deiner Mindmap. Einige kleine Dinge, wie das Aussehen des Riesen, darfst du noch **ankreuzen**.

Nach diesem spannenden ersten Abenteuer ritt der Prinz eilig weiter.
Er kam an eine große Höhle voller Gold. Davor stand der böse Riese mit

☐ nur einem Auge und Warzen im Gesicht. ☐ Froschaugen und Hasenohren.

Als der böse Riese den Prinzen bemerkte,

☐ schwang er seine große Keule. ☐ pustete er den Prinzen mit seinem schlechten Atem an.

Der erschrockene Prinz

☐ ging ein paar Schritte zurück. ☐ kippte um.

„Ich habe keine Chance“, dachte er. Plötzlich fiel ihm etwas ein. Er hatte

ja einen Helfer dabei. Es war ein(e) ______________________________!

Der Prinz hatte die rettende Idee: ______________________________

____

____

____

4 **Schreibe** nun den Schluss der Geschichte. Schaue auf den grünen Arm deiner Mindmap.

Der Prinz besiegte den Riesen. Jetzt wollte er nach Hause zurückkehren.

Er ... ____

____

____

Und wenn sie nicht gestorben sind, dann ______________________________.

5 **Schreibe** die vollständige Geschichte mit einer passenden Überschrift in dein Heft.

Ein Märchen überarbeiten

SB S. 86

1 Max hat sein Märchen fertig geschrieben. **Lies** es.

Der Goldschatz

Es war einmal ein Prinz. Sein Vater, der König, war ein mächtiger Herrscher. Er wollte, dass der Prinz den Zauberring zurückholt, den der schreckliche Riese gestohlen hatte. Er rief seinen mutigen Sohn zu sich und ↳sagt↲ zu ihm: „Bitte hole mir den Ring zurück!" ↳sagte↲

Der tapfere Prinz ↳verfolgt↲ den hässlichen Riesen. Plötzlich kannte er den Weg nicht mehr. Er ↳verirrt↲ sich in einem dunklen Wald. Auf einmal traf er eine kleine Hexe! Sie ↳zeigt↲ ihm den Weg aus dem Wald und wollte mit ihm weitergehen. Sie ↳eilen↲ schnell weiter. Der Prinz kam an einen großen See. Da war der böse Riese.

____

____

Der Prinz ritt nach Hause. Der König und das Volk ↳freut↲ sich. Der Prinz ↳heiratet↲ die Hexe. Sie ↳leben↲ glücklich, bis sie ↳sterben↲.

2 **Kreuze an:** Was ist bei den mit ↳↲ markierten Wörtern falsch?

☐ Sie sind im Präsens geschrieben. ☐ Es sind Adjektive.

3 **Schreibe** die markierten Wörter im Präteritum in den Rand.

4 Ein Teil des Märchens fehlt. **Vervollständige** es mit deiner Idee.

5 **Hake** nun die **CHECKLISTE ab**, wenn die Aussage zutrifft.

CHECKLISTE

So überarbeitest du ein Märchen:

Prüfe, ob die Merkmale beachtet wurden und berichtige sie.

- ☐ Es gibt eine **schwierige Situation**, wegen der die Hauptfigur von zu Hause auszieht.
- ☐ Es gibt **gegensätzliche Figuren**.
- ☐ Die Figur erlebt zwei **Abenteuer**.
- ☐ Es gibt ein **glückliches Ende**.
- ☐ Das Märchen wurde im **Präteritum** geschrieben.
- ☐ Das Märchen hat **passende Adjektive**.

KOMPETENZCHECK

SB S. 87–88

Ein Märchen zu Ende schreiben

1 **Lies** den Anfang des Märchens.

Es war einmal eine kluge, alte Königin, die in einem großen Schloss lebte. Sie war krank. Sie machte sich Sorgen, dass ihre Tochter keine gute Königin sein würde. Die Tochter war zwar klein und schwach, aber sehr freundlich zu allen Menschen. Eines Tages merkte die Königin, dass sie bald sterben würde. Sie sagte zur ihrer Tochter: „Geh hinaus in die Welt! Beweise mir, dass du eine gute Königin sein kannst.“ Also ging die Prinzessin los. Sie ging immer weiter und weiter …

2 **Markiere** folgende typische Märchenmerkmale im Text farbig: die Anfangsworte, die Hauptfigur und die schwierige Situation.

3 **Vervollständige** den Satz:

Die Prinzessin zieht aus, weil ______________________________.

4 **Fülle** die Mindmap mit deinen Ideen. Nutze die **SPRACHBOX**.

Märchenplan

Einleitung

Hauptfigur: Prinzessin

Ort: Schloss, ____________

____

schwierige Situation:

____

____

Hauptteil

Abenteuer:

1. geht in die Stadt, trifft hungrigen Mann, gibt ihm ______________

2. ______________________________________

Gegensätzliche Eigenschaften: ______________________

Schluss

glückliches Ende:

____

____

____

____

____

SPRACHBOX

ihren warmen Umhang – goldene Krone

großer Wolf – verirrt sich – in eine Ameise verwandelt

Zauberer – freundlicher Bär – Jägerin

wird Königin – verliebt – wird reich

5 Wie geht das Märchen weiter? **Schreibe** es **auf**. Nutze deine Mindmap.

In einer Stadt begegnete ihr ein hungriger Mann. Er hatte nichts zu essen.

Sie überlegte und gab ihm ihre ______________________________,

damit er sich etwas zu essen kaufen konnte.

Sie ging weiter und erreichte ______________________________.

Dort begegnete ihr ______________________________

____

____

____

____

Nun war die Reise der Prinzessin fast zu Ende. Sie ______________

____

____

Und wenn sie nicht gestorben ist, ______________________________.

6 Finde eine passende Überschrift für dein Märchen. **Schreibe** sie **auf**:

____

7 **Überarbeite** das Märchen mithilfe der **CHECKLISTE**. Hake ab:

- [ ] Es gibt gegensätzliche Figuren.
- [ ] Die Prinzessin erlebt zwei Abenteuer.
- [ ] Es gibt ein glückliches Ende.
- [ ] Ich habe im Präteritum geschrieben.
- [ ] Ich habe passende Adjektive benutzt.

8 **Schreibe** das Märchen sauber und ordentlich in dein Heft.

SB S. 90

Von einem, der auszog, ...

Kompetenz/Inhalt	Was denkst du? Kreuze an!			Lass jemand anderen ankreuzen.		
Ich kann ...	☺	😐	☹	☺	😐	☹
erkennen, warum Figuren in Märchen ausziehen. (S. 32)						
ein Märchen vorlesen. (S. 33)						
Märchenmerkmale erkennen. (S. 34–35)						
die Lesemethode für erzählende Texte anwenden (S. 36–37): **1. Schritt:** Bilder und Überschrift ansehen, Vermutungen anstellen **2. Schritt:** das Märchen lesen, unbekannte Wörter klären **3. Schritt:** Schlüsselstellen markieren **4. Schritt:** Jedem Abschnitt eine Überschrift geben, Schlüsselstellen herausschreiben						
den Aufbau eines Märchens untersuchen. (S. 38)						
Märchen nach einer Bilderreihe schreiben. (S. 39–40)						
ein eigenes Märchen planen. (S. 41)						
ein Märchen nach Plan schreiben. (S. 42–43)						
ein Märchen überarbeiten. (S. 44)						
das, was ich gelernt habe, in dem Kompetenzcheck anwenden. (S. 45–46)						

Hier ist Platz für eine Rückmeldung:

____

____

____

Ab ins Beet!

SB S. 94–95

1 Was für ein schöner Schulgarten! **Betrachte** das Bild.

2 Was kannst du im Schulgarten alles entdecken? **Ergänze** die Satzanfänge. Wähle dazu die passenden Begriffe aus der **SPRACHBOX** aus.

SPRACHBOX

die Vogelscheuche – viele runde Kürbisse – der stinkende Komposthaufen – der staubige Weg – die gemütliche Bank – die bunte Blumenwiese – die dreckigen Gartengeräte – die Schubkarre – der Geräteschuppen – die Tomatenpflanzen

Im linken Beet wachsen ______________________________.

Unter dem Apfelbaum steht eine ______________________________.

Neben dem Schuppen liegen einige ______________________________.

3 Im Schulgarten gibt es noch viel mehr zu entdecken. **Schreibe** in dein Heft, was du noch alles sehen kannst und wo es sich befindet.

Bilder genau beschreiben

SB S. 100–101

1 Im Schulgarten wachsen viele Gemüsepflanzen. Berkant schaut sich in der Garten-AG um, welche Gemüsesorten er entdecken kann. **Betrachte** die Bilder.

1

2

3

4

2 Berkant beschreibt das Aussehen der Gemüsesorten. **Trage** die passende Nummer bei der richtigen Beschreibung **ein**.

○ Diese Frucht ist rund bis oval. Sie hat eine glatte, gelb-braune Schale und gelbes Fruchtfleisch.

○ Diese Gemüsesorte hat einen hellgrünen Strunk, an dem viele dunkelgrüne Röschen wachsen. Ihre Form erinnert an einen Baum mit Blättern.

○ Diese Früchte wachsen an Rispen. Sie sind so klein wie Tischtennisbälle, rund und haben eine rote Farbe.

○ Diese Gemüsesorte hat eine lilafarbene Schale. Sie hat eine ovale Form und einen kleinen, grünen Stiel.

3 Berkant hat eine weitere Gemüsesorte im Schulgarten entdeckt und aufgeschnitten. **Schau** dir das Bild **an**.

4 Wie kann Berkant die Gemüsesorte beschreiben? **Ergänze** den Lückentext. Nutze dafür die Begriffe aus der **SPRACHBOX**.

Die Gemüsesorte hat eine ____________________,

____________________ Schale und ____________________ Fruchtfleisch.

Ihre Form ähnelt einer ____________________: Unten ist dieses Gemüse

rund, nach oben hin wird es ____________________. In dem bauchigen

Teil der Frucht befinden sich viele ____________________.

SPRACHBOX

hellgelbe – schmaler – Birne – gelbes – glatte – Kerne

5 Kannst du Obst- und Gemüsesorten so genau beschreiben, dass andere sie erraten können? **Lies** dazu die **LERNBOX**.

LERNBOX

So beschreibst du Obst- und Gemüsesorten genau:

- Beschreibe die **Größe**. Nutze hierfür Vergleiche: So groß wie ein Fußball, so klein wie ein Fingerhut ...
- Beschreibe die **Farbe**. Nutze hierfür genaue Adjektive: moosgrün, sonnengelb, hellrot ...
- Beschreibe die **Form**. Nutze auch hierfür Vergleiche und genaue Adjektive: so oval wie ein Ei, kugelrund ...

6 **Betrachte** die Bilder und **beschreibe** die Gemüsesorten so genau wie möglich. Nutze dafür die Hinweise aus der **LERNBOX**.

7 Arbeitet zu zweit: **Beschreibt** die Gemüsesorten aus Aufgabe 6 einander gegenseitig. Könnt ihr alle Sorten erraten?

SB S. 103–104

Im Internet recherchieren

1 Berkant will mehr über das Gärtnern wissen. Dafür möchte er im Internet recherchieren. Um zu wissen, wie er dabei vorgehen sollte, **lies** die **LERNBOX**.

LERNBOX

So suchst du im Internet nach Informationen:

- Nutze für deine Recherche **eine Suchmaschine für Kinder und Jugendliche**, zum Beispiel www.blinde-kuh.de.
- Gib in die Suchmaschine den **Begriff** ein, zu dem du Informationen suchst.
- **Überfliege** die Ergebnisse.
- Wähle die **passenden Ergebnisse** aus und lies sie dir durch.
- **Notiere** die Antworten auf deine Frage.

2 Berkant möchte wissen, was eine Aubergine ist. Er tippt in das Suchfeld: Was ist eine Aubergine? **Schau** dir seine Suchergebnisse **an**.

www.blinde-kuh.de/was ist eine Aubergine?

(1) Leckere Auberginenröllchen!

In nur 30 Minuten zaubern Sie das perfekte Essen für jede Party. Sie benötigen zwei Auberginen, Feta-Käse, Knoblauch ...

www.blinde-kuh.de/was ist eine Aubergine?

(2) Eine besondere Frucht

Die Aubergine ist eine Pflanze mit dunkel-violetten Früchten. Auberginen haben eine ovale Form, ähnlich wie ...

www.blinde-kuh.de/was ist eine Aubergine?

(3) Gemüse

Es gibt viele verschiedene Gemüsesorten, die alle unterschiedlich aussehen und schmecken. Neben Tomaten und Gurken gibt es Auberginen, Zucchini, Paprika ...

3 Welches Suchergebnis sollte Berkant lesen, um eine Antwort auf seine Frage zu bekommen? **Begründe** deine Wahl.

Berkant sollte das Ergebnis Nummer ◯ lesen, weil ______________________

____.

4 Berkant hat noch weitere Begriffe aufgeschrieben, deren Bedeutung er recherchieren möchte. **Lies** die Begriffe.

Humus ______________________

____

____

Dünger ______________________

____

____

Kompost ______________________

____

____

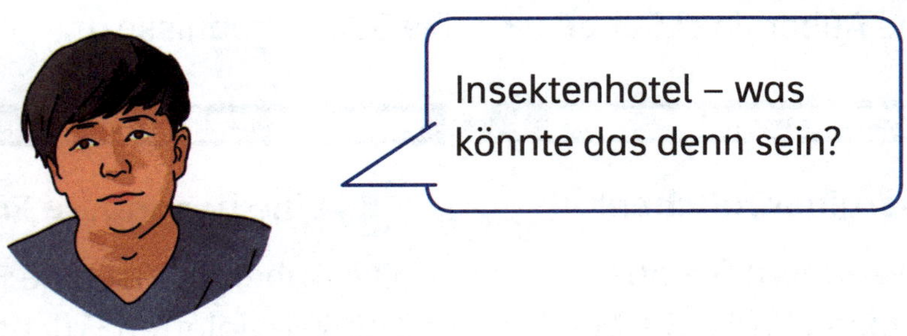

Insektenhotel ______________________

____

____

Saisonkalender ______________________

____

____

5 Gib die Suchbegriffe in eine Suchmaschine für Kinder und Jugendliche ein. **Notiere** die Antworten auf die Fragen auf den Linien. Beachte dabei die Hinweise aus der **LERNBOX** auf Seite 51.

SB S. 105–108

Sachtexten Informationen entnehmen

1 **Lies** die Überschrift des Textes und betrachte das Bild daneben.

Die Gurke

Die Gurke ist eine Gemüsepflanze. Gurken haben eine längliche Form und eine dunkelgrüne Schale. Sie erreichen eine Länge von zehn bis 60 Zentimetern.

Die Gurke stammt ursprünglich aus Indien. Heute wird sie auf der ganzen Welt angebaut. In Deutschland wachsen Gurken am besten im Gewächshaus. Man sät sie zwischen März und Mai aus. Zum Wachsen brauchen sie einen feuchten und nährstoffreichen Boden. Von Juli bis Oktober können die Gurken geerntet werden.

Man unterscheidet zwischen zwei Sorten: die Salatgurke und die Gewürzgurke. Die Salatgurke wird meistens für einen Salat verwendet. Die Gewürzgurke wird in einem Glas mit Essig aufbewahrt. Dazu gibt man noch Gewürze wie Dill, Senfkörner, Zwiebeln, Salz und Zucker. Man nennt sie auch saure Gurke, Essiggurke oder Cornichons.

2 **Lies** den Text.

3 Im Text gibt es einige schwierige Begriffe. Recherchiere ihre Bedeutung im Internet und **notiere** sie.

Gewächshaus: ______________________________

nährstoffreich: ______________________________

Cornichons: ______________________________

4 **Markiere** in dem Text weitere Wörter, die du noch nicht verstehst, mit einer Wellenlinie. Lasse sie dir von einer Lernpartnerin, einem Lernpartner oder deiner Lehrkraft erklären. **Schreibe** die Erklärungen an den Rand.

5 **Lies** die Fragen. **Markiere** im Text die Abschnitte, die dir bei der Beantwortung der Fragen helfen, in der passenden Farbe.

Um welche Pflanze geht es?

In dem Text geht es um die Gurke.

Wie sieht eine Gurke aus?

Gurken sind dunkelgrün und werden ____________ bis ______________

Zentimeter lang.

Wo werden Gurken in Deutschland häufig angebaut?

Gurken werden in Deutschland häufig im ____________________________

angebaut.

Wann sollte man Gurkenpflanzen aussäen?

Gurkenpflanzen werden zwischen _____________ und _______________

gesät.

Wofür können Gurken verwendet werden?

Es gibt zwei verschiedene Arten von Gurken. Die Salatgurke wird oft für

_________________________ verwendet. Die Gewürzgurke wird in

_________________________ aufbewahrt, das nennt man auch

_________________________, Essiggurke oder _________________________.

6 **Beantworte** die Fragen aus Aufgabe **5** indem du die Lücken vervollständigst.

Arbeitsergebnisse präsentieren

SB EXTRA

1 Du weißt nun viel über Gurkenpflanzen. Dieses Wissen kannst du deiner Klasse präsentieren. **Lies** dafür den Notizzettel.

> Gurken
> - Das Aussehen: Gurken haben eine dunkelgrüne Schale. Sie werden zehn bis 60 Zentimeter lang.
> - Der Anbau: In Deutschland werden Gurken häufig in Gewächshäusern angebaut. Man sät die Pflanzen von März bis Mai. Ernten kann man sie zwischen Juli und Oktober.
> - Die Verwendung: Es gibt zwei Arten von Gurken. Salatgurken werden häufig im Salat gegessen. Gewürzgurken werden mit Essig und Gewürzen eingelegt.

WES-126449-007
Notizzettel

2 Was musst du bei deinem Vortrag beachten? **Lies** die **LERNBOX**.

LERNBOX

So präsentierst du deine Ergebnisse vor der Klasse:
- Sprich **klar** und **deutlich**. Du sprichst deutlich, indem du deinen Mund beim Sprechen genug bewegst und alle Endungen klar aussprichst.
- Sprich **langsam** und lasse **Pausen**, zum Beispiel an den Stellen, an denen ein Komma oder ein Punkt steht und nach jedem Absatz.
- Schaue zwischendurch von deinem Notizzettel hoch und halte **Blickkontakt** mit der Klasse, zum Beispiel dann, wenn ein Satz zu Ende ist.

3 **Trage** dir im Notizzettel **ein**, an welchen Stellen du eine Pause machen möchtest und an welchen Stellen du Blickkontakt aufnehmen willst.

4 **Übe** nun deinen Vortrag an einem ruhigen Ort.

5 **Trage** deinen Vortrag einer Lernpartnerin oder einem Lernpartner **vor**.

6 **Präsentiere** deinen Vortrag vor der Klasse.

Eine Beschreibung schreiben

SB S. 112–114

1 Berkant hat im Internet einen Informationstext über Hokkaido-Kürbisse gefunden. **Lies** den Text.

Der Hokkaido-Kürbis

Der Hokkaido ist ein Speisekürbis. Er ist rund und wird zwischen 500 Gramm und 1,5 Kilogramm schwer. Die Schale und das Fruchtfleisch sind orange und glänzen. Zu Halloween schnitzen viele Leute aus den Kürbissen Laternen.

Die Kürbisse wachsen an einer Pflanze auf dem Boden. Gärtnerinnen und Gärtner sollten den Kürbis im Frühjahr pflanzen, wenn es in der Nacht nicht mehr friert. Der Hokkaido wächst am besten auf feuchtem Boden. Deshalb sollte er oft gegossen werden. Der reife Hokkaido kann in den Monaten September bis Dezember geerntet werden. Kürbisse sind sehr frostempfindlich. Deshalb sollten sie bei zwischen 10 und 15 Grad Celsius gelagert werden.

Hokkaidos werden beim Kochen weich und schmecken nussig. Sie eignen sich als Zutat für Kürbissuppe, im Auflauf oder als Ofengemüse. Weil die Schale beim Kochen weich wird, kann sie mitgegessen werden.

2 **Markiere** in dem Text Wörter, die du nicht verstehst, mit einer Wellenlinie. Lasse sie dir von einer Lernpartnerin, einem Lernpartner oder deiner Lehrkraft erklären. **Schreibe** die Erklärungen an den Rand.

3 Welche Aussagen über Hokkaido-Kürbisse treffen zu? **Kreuze an.**

- Hokkaidos haben eine orange Schale. ☐
- Man sollte Hokkaidos erst pflanzen, wenn es kalt ist. ☐
- Die Schale von Hokkaidos kann man essen. ☐
- Hokkaidos können im Oktober geerntet werden. ☐
- Hokkaido-Kürbisse sind Nüsse. ☐
- Die Kürbispflanzen brauchen einen feuchten Boden. ☐

4 Was solltest du beachten, wenn du einen Text über eine Gemüsesorte schreibst? **Lies** die **LERNBOX**.

LERNBOX

So formulierst du beschreibende Texte über Gemüsesorten:

- Beginne mit dem **Namen** der Gemüsesorte.
- Dann beschreibst du ganz genau, wie das Gemüse **aussieht**.
- Erkläre, wie man das Gemüse **verwendet**.
- Gib Hinweise dazu, wie man das Gemüse **anbaut**.

5 Berkant hat eine Beschreibung des Hokkaido geschrieben. **Ergänze** die Lücken im Schreibplan. Die markierten Stellen im Text aus Aufgabe **1** helfen dir dabei.

Wie heißt das Gemüse?	Der Hokkaido-Kürbis
Wie sieht das Gemüse aus?	Ein Hokkaido-Kürbis ist ________ und hat eine ____________, ____________ Schale.
Wofür kann man das Gemüse verwenden?	Hokkaido-Kürbisse werden oft gekocht und als ____________, im Auflauf oder als ____________ verwendet.
Wann sollte man das Gemüse anbauen?	Der Hokkaido-Kürbis sollte im ____________ gepflanzt werden.
Wie sollte man die Gemüsepflanze pflegen?	Die Pflanze braucht einen feuchten Boden, deshalb sollte man sie regelmäßig ____________.
Wann kann man das Gemüse ernten?	Hokkaidos können von September bis ____________ geerntet werden.

6 **Schreibe** den Text sauber in dein Heft.

7 **Recherchiere** weitere Informationen über den Hokkaido und ergänze deinen Text.

Eine Beschreibung überarbeiten

SB S. 116–117

1 Selma hat auch einen Text über Hokkaidos geschrieben. **Lies** den Text.

↳Kürbis↲	↳Der Hokkaido-Kürbis↲
Hokkaidos sind rund und haben eine Γ Schale. Sie werden im Frühjahr gepflanzt und können ↳dann↲ geerntet werden. Zum Wachsen brauchen die Kürbispflanzen Γ Boden.	Γ orange ↳↲ Γ
Beim Kochen wird auch die Schale von Hokkaidos so weich, dass man sie mitessen kann. ↳Zu Weihnachten↲ schnitzen viele Leute Gesichter in die Kürbisse und stellen eine Kerze hinein.	↳↲

2 Hat Selma alle Kriterien für einen beschreibenden Text beachtet? **Überprüfe** den Text mit der **CHECKLISTE**.

CHECKLISTE

So überarbeitest du einen beschreibenden Text über Gemüsesorten:

Überprüfe, ob der Text die Kriterien enthält. **Korrigiere alle Fehler**, die du findest.

- ☐ Am Anfang wird der Name der Gemüsesorte genannt.
- ☐ Der Text beschreibt das Aussehen der Gemüsesorte ganz genau.
- ☐ Der Text gibt Hinweise, wie man das Gemüse verwenden kann.
- ☐ Der Text gibt Hinweise, wie man das Gemüse anbaut.

3 **Korrigiere** nun alle Fehler im Text. Nutze dazu den Korrekturrand daneben. Die Korrekturzeichen im Text helfen dir dabei.
Wenn du ein Wort austauschen möchtest, schreibst du so:

↳Kürbis↲ ↳Der Hokkaido-Kürbis↲

Wenn du etwas einfügen willst, schreibst du so: Γ Γ orange

4 **Schreibe** den korrigierten Text sauber in dein Heft.

SB S. 118–119

Eine Beschreibung schreiben

1 Berkant hat einen Text über Zuckermais gefunden. Betrachte das Bild und **lies** den Text.

Zuckermais

Zuckermais ist eine Getreidepflanze, die ungefähr zwei Meter hoch wird. An den Maispflanzen wachsen Kolben, die viele kleine sonnengelbe Maiskörner enthalten. Die Maiskolben werden umhüllt von blassgrünen Blättern, die den Mais vor Wind und Wetter schützen.

Die beste Aussaatzeit für Zuckermais liegt zwischen Mitte April und Mitte Mai. Die Maispflanzen brauchen einen nährstoffreichen und feuchten Boden. Bis der Mais reif ist, dauert es nur wenige Monate. Ernten kann man ihn zwischen Juni und September.

Für Zuckermais gibt es viele Verwendungsmöglichkeiten. Viele Menschen mögen ihn gegrillt. Wenn man ihn in Essig einlegt, ist er lange haltbar und man kann ihn aufbewahren. Oder man trocknet die Maiskörner und macht daraus Popcorn.

2 **Markiere** in dem Text Wörter, die du noch nicht verstehst, mit einer Wellenlinie. Lasse sie dir von einer Lernpartnerin, einem Lernpartner oder deiner Lehrkraft erklären. Schreibe die Erklärungen an den Rand.

3 Welche Aussagen treffen zu? **Kreuze an**.

- Mais besteht aus kleinen gelben Körnern. Sie wachsen an langen Maiskolben, die von grünen Blättern umhüllt werden. ☐
- Maispflanzen werden ungefähr drei Meter groß. ☐
- Maispflanzen brauchen einen feuchten Boden. ☐
- Man sollte Mais von Juni bis September aussäen. ☐

4 Zwei Aussagen aus Aufgabe **3** sind falsch. Korrigiere sie und **schreibe** sie richtig in dein Heft.

5 Berkant hat einen Schreibplan angelegt. **Ergänze** die Lücken im Schreibplan.

Wie heißt das Gemüse?	______________________
Wie sieht das Gemüse aus?	Maiskörner sind klein und ______________. Sie wachsen an ______________________, die von ______________ umhüllt sind. Die Maispflanzen, an denen die Kolben wachsen, werden bis zu __________ Meter hoch.
Wofür kann man das Gemüse verwenden?	Es gibt viele Möglichkeiten, um Zuckermais zu verwenden. Man kann ihn ______________, in Essig ______________ oder aus getrockneten Maiskörnern ______________ machen.
Wann sollte man das Gemüse anbauen?	Zuckermais sät man zwischen ____________ und ____________ aus.
Wie sollte man die Gemüsepflanze pflegen?	Man sollte die Maispflanzen regelmäßig gießen, weil sie einen ____________ Boden brauchen.
Wann kann man das Gemüse ernten?	Zwischen ____________ und September ist der Zuckermais reif und kann ____________ werden.

6 **Schreibe** den Text sauber in dein Heft.

SB S. 122

Ab ins Beet!

	Was denkst du? Kreuze an!			Lass jemand anderen ankreuzen.		
Ich kann ...	☺	😐	☹	☺	😐	☹
mich im Schulgarten orientieren. (S. 48)						
Bilder genau beschreiben. (S. 49–50)						
im Internet recherchieren. (S. 51–52)						
Sachtexte mit der Lesemethode lesen. (S. 53–54)						
Arbeitsergebnisse mündlich präsentieren. (S. 55)						
einen beschreibenden Text schreiben. (S. 56–57)						
einen beschreibenden Text überarbeiten. (S. 58)						
das, was ich gelernt habe, in dem Kompetenzcheck anwenden. (S. 59–60)						

Hier ist Platz für eine Rückmeldung:

____

____

____

____

____

____

____

____

Zauberschule Hokuspokus

SB S. 126–127

WES-126449-008
WES-126449-009
WES-126449-010
WES-126449-011

1 **Höre** dir den Hörtext an und schaue dir das Bild an.

2 **Verbinde** den Namen mit der richtigen Beschreibung der Figur.

A Alma

B Elli

C Theobaldi der Fünfte

D Wuselius Zwackel

1 Freundliche Elfe, die viele Zauberabenteuer erleben will und es zu Hause langweilig findet.

2 Niedliche, süße, kleine Zwergin, die man nicht unterschätzen sollte.

3 Kobold, der eigentlich mit seinem Koboldleben zu Hause zufrieden ist. Seine Eltern wollen, dass er zaubern lernt.

4 Eingebildeter Sohn von Zauberern, der von sich denkt, dass er der beliebteste Zauberschüler sein wird.

3 **Vervollständige** den Satz. Welche Figur magst du am liebsten?

Ich mag ______________ am liebsten, weil ______________________.

4 **Schreibe** ins Heft: Was möchtest du in der Zauberschule erleben?

Die Handlung einer Erzählung verstehen

SB S. 128–130

1 Elfe Elli schreibt aus der Zauberschule einen Brief an ihre Eltern. **Lies** Ellis Brief.

Liebe Mama, lieber Papa,

ich bin auf meinem fliegenden Rasenmäher gut an der Zauberschule Hokuspokus angekommen. Ich bin so glücklich! Es ist alles so neu hier! Jede Schülerin und jeder Schüler ist mit einem anderen Flugobjekt angereist. Heißluftballons, Papierflieger, Staubsauger ... alles war dabei! Megacool!

Ich kann es kaum erwarten, endlich zaubern zu lernen: Ich will möglichst viele Flugobjekte ausprobieren, die Schnellste in den Flugstunden werden, gefährlich aussehende Zaubertränke anrühren und natürlich auch Zaubersprüche lernen! Das wird extrem toll!

Neue Leute habe ich beim Ankommen auch schon kennengelernt. Alma ist eine Zwergin und oft schlecht gelaunt. Sie denkt immer, alle würden sie unterschätzen. Theobaldi der Fünfte ist total eingebildet. Er denkt, er ist besser als die anderen, und möchte nur mit seinem vollen Namen angesprochen werden. Ich mag ihn jetzt schon nicht. Dann bin ich noch dem Kobold Wuselius begegnet. Er flog auf einem Staubsauger zur Schule und hat jetzt schon richtig Heimweh. Lernen ist nicht so sein Ding. Ich versuche, immer nett zu allen zu sein.

Alle Lehrkräfte, Schülerinnen und Schüler haben uns Neue mit einem lauten Klatschen begrüßt, als wir durch die Tür gegangen sind. Wir fanden das toll, nur Theobaldi der Fünfte nicht. Er fand das normal, so begrüßt zu werden. Komischer Kerl.

Ich schreibe euch bald wieder. Ich habe euch lieb!

Viele Grüße
Elli

das Flugobjekt: Ding, das fliegen kann.

unterschätzen: denken, dass jemand nicht viel kann.

eingebildet: Jemand, der denkt, er wäre immer besser als alle anderen.

2 **Fülle** den Lückentext mit den Informationen aus der **SPRACHBOX** **aus**.

SPRACHBOX

Elfe – unterschätzt – Zaubertränke – Zwergin – Heißluftballons – Schnellste – Papierfliegern – Rasenmäher – Zaubersprüche – Alma – Klatschen – Wuselius – Staubsaugern – Kobold – lernen – eingebildet – normal – Theobaldi

Elli ist eine ____________. Sie ist mit einem fliegenden ________________ zur Schule gekommen. Jedes Kind kam mit einem anderen Flugobjekt zur Schule: Sie kamen auf fliegenden ________________, ________________ oder __________________ angereist. Die Elfe Elli kann es kaum erwarten, an der Schule zaubern zu lernen. Sie möchte möglichst viele ________________ ausprobieren, die _____________ beim Fliegen werden und gefährliche ______________ anrühren. Die ersten neuen Mitschüler, die auch das erste Zauberdiplom machen möchten, lernt Elli auf dem Flugplatz kennen: Sie heißen ____________, ___________ und ____________ der Fünfte. Alma ist eine ____________. Sie ist oft schlecht gelaunt, weil sie das Gefühl hat, immer ____________________ zu werden. Theobaldi möchte nicht Theo genannt werden, weil er ____________________ ist. Wuselius ist ein ____________und hat Heimweh. Er mag es nicht, in der Schule zu ____________. Die neuen Zauberschülerinnen und Zauberschüler des ersten Zauberdiploms wurden von den Lehrkräften und den Älteren mit einem lauten ____________ in Empfang genommen. Alle Neuen fanden das toll, außer Theobaldi der Fünfte. Für ihn war eine solche Begrüßung anscheinend ____________.

3 **Schreibe** den fertigen Text in dein Heft **ab**.

4 Welche Eigenschaften haben die Figuren? **Schreibe** auf die Linien.

____________: eingebildet

____________: schlecht gelaunt und unterschätzt

____________: nett und motiviert

____________: faul

5 Stell dir vor, du bist eine Zauberschülerin oder ein Zauberschüler. Mit welchem Flugobjekt würdest du gerne zur Schule fliegen? **Vervollständige** den Satz.

Ich würde mit einem ______________________ zur Schule fliegen, weil

____.

6 **Schreibe** ins Heft: Wie geht der erste Schultag an der Zauberschule weiter?

METHODE

SB EXTRA

„Aufpasswörter“ suchen und vorlesen

1 Lies Annas Geschichte laut vor und **unterstreiche** Wörter, die du nur schwer lesen konntest.

Der Schlafzauber

Am zweiten Schultag hatte die Klasse Zauberunterricht bei dem Zauberer Ambrosius im Musikraum: Die Schülerinnen und Schüler sollten eine Melodie spielen und damit zaubern, dass jemand einschlief. Sofort dachte Wuselius: „Gute Idee! Mein Zimmernachbar Tobi ist immer so nachtaktiv!“ Der Zauberer Ambrosius nannte den Zauberspruch. Wuselius dachte sich eine Schlafmelodie aus.

Abends im Zimmer holte Wuselius schnell seine Gitarre heraus, spielte seine Schlafmelodie und sprach den Zauberspruch. Tobi schlief endlich ein. Plötzlich hörte Wuselius an der Tür ein lautes Schnarchen. Ohne, dass Wuselius es bemerkte, waren kurz vor dem Schlafzauber fünf Freunde ins Zimmer getreten! Nun schliefen alle friedlich auf dem Boden! Wuselius erschrak. Nun kam auch noch Zauberer Ambrosius herein: „Was ist denn hier los?“, fragte er. Wuselius antwortete schockiert: „Mein Schlafzauber ist schief gegangen! Eigentlich wollte ich nur Tobi verzaubern.“ Lachend entgegnete der Zauberer: „Du musst noch viel lernen, Wuselius! Wenn du das nächste Mal den Zauberspruch sprichst, denke ganz fest an die Person, die du verzaubern willst.“

2 **Lies** die **LERNBOX**.

LERNBOX

So liest du Aufpasswörter mit mehreren Silben:

Bestimmt hast du auch mal Schwierigkeiten, Wörter mit **mehreren Silben** zu lesen. Das sind **Aufpasswörter**.
- Lies Wörter mit mehreren Silben **langsam**.
- Sieh dir jeden **Buchstaben der Silbe genau** an.
- Lies die Wörter **Silbe für Silbe**.

3 **Lies** den Text noch einmal. Befolge die Tipps bei deinen unterstrichenen Wörtern.

Eigenschaften ermitteln

SB EXTRA

1 Auf der folgenden Seite sollst du dich näher mit der Figur Wuselius beschäftigen. **Schau** dir das Bild von Wuselius **an**.

2 **Kreuze** nach dem Anschauen des Bildes unten **an**: Wie sieht Wuselius aus? Verwende jeweils ein Kreuz pro Reihe.

Körperteil	Beschreibende Adjektive	
A Hautfarbe	☐ braun ☐ orange	☐ grün
B Augen	☐ klein und braun	☐ groß und grün
C Nase	☐ kurz und rund	☐ lang und spitz
D Haare	☐ lang und wellig	☐ kurz und lockig
E Wangen (Backen)	☐ sommersprossig	☐ blass
F Ohren	☐ rund und kurz	☐ lang und spitz
Kleidung		
G Hose	☐ orange und kurz	☐ braun und lang
H Pullover	☐ braun ☐ orange	☐ rot
I Schuhe	☐ halbhoch	☐ hochhackig
J Mantel	☐ einfarbig und knielang	☐ bunt und kurz

3 **Schreibe** nun die Beschreibung von Wuselius' Aussehen in dein Heft. Starte mit den Sätzen unten. Verwende beim Schreiben die angekreuzten Adjektive.

Wuselius ist ein Kobold. Seine Hautfarbe ist grün. Er hat auch große, grüne Augen. ...

4 Lies die Sprechblase und **kreuze an.**

A Wuselius ☐ ist langweilig. ☐ findet es zu Hause am schönsten.

B Wuselius lernt ☐ gerne für die Schule. ☐ nicht gerne. Er braucht noch Hilfe.

C Wuselius' Eltern möchten, dass ☐ er ein guter Zauberer wird. ☐ er glücklich ist.

5 **Schreibe** die Sätze über Wuselius' Eigenschaften **ab**.

Texte lebendiger schreiben

(SB) EXTRA

1 Emma hat eine Zaubergeschichte geschrieben. **Lies** den Text.

Der Verwandlungszauber

Elli hatte in der Schulküche Unterricht. Ihre Aufgabe war diesmal: Sie soll sich in ein Pferd verwandeln. „Puuh, das wird ___________!“, dachte sie. Sie richtete den Zauberstab auf sich und sprach den ___________ Zauberspruch. Wuselius wartete ___________, ob Elli es schaffen würde.

Plötzlich wuchsen Elli ein Schweif und Hufe. Ihr Körper war von ___________ Fell bedeckt. Statt eines Lachens wieherte Elli ___________ und stampfte mit den ___________ Hufen auf. Aus ihr wurde ein ___________ Pferd!

Hennes, der Schulhund, kam vorbei. Er hatte zuerst Angst und versteckte sich ___________ unter einem Stuhl. Doch das Pferd Elli schnupperte ___________ an der Schnauze des Hundes. Der Hund hatte einen ___________ Freund gefunden! Aber sie fühlte sich in der Küche nicht wohl. Sie dachte: „Das ist ___________ eng hier! Wie komme ich aus der Küche wieder heraus?“ Elli überlegte …

SPRACHBOX

neuen – schwer – ängstlich – gespannt – magischen – weichem – harten – richtiges – laut – sehr – sanft

2 **Kreuze an**: Was fehlt im Text, um ihn spannender zu machen?

☐ Adjektive fehlen. ☐ Verben im Präteritum fehlen.

3 **Lies** die **LERNBOX**.

LERNBOX

So schreibst du Texte lebendiger:

Adjektive (Eigenschaftswörter oder Wie-Wörter) helfen dir, einen Text lebendiger zu gestalten. Adjektive sind zum Beispiel: glatt, herrlich oder aufgeregt.

4 **Setze** Adjektive aus der **SPRACHBOX** in die passende Stelle **ein**.

5 **Schreibe** die Geschichte mit den Adjektiven komplett in dein Heft **ab**.

6 Wie löst Elli ihr Problem? **Schreibe** die Geschichte weiter. Benutze auch Adjektive.

Eine eigene Erzählung planen

SB S. 134–136

1 Plane nun deine eigene Erzählung. **Lies** dazu die **LERNBOX**.

LERNBOX

So füllst du eine Mindmap aus:

Mit einer Mindmap kannst du **eigene Ideen** für eine Geschichte sammeln.

- Schreibe das **Thema** (Art des Zaubers und Person, die den Zauber ausführt) in die Mitte des Blattes.
- Beschrifte die Arme der Mindmap um die Mitte herum:
  Was passiert?
  Wie reagiert die Klasse?
  Wie verhält sich die **Zauberschülerin**/der **Zauberschüler**?
  Wörtliche Rede: Wer sagt was?
- Sammele zu jeder Überschrift **Ideen** und schreibe sie auf.

2 **Kreuze** in der Mindmap den Verlauf deiner Erzählung **an** (1 Kreuz pro Arm).

Alma
Wetterzauber: Will Regenbogen zaubern

Was passiert?

- [ ] Alma wollte einen Regenbogen zaubern, zauberte aber versehentlich einen Blitz, der Blitz schlug ins Dach ein, verursachte Loch im Dach.
- [ ] Alma zauberte Regen, es schüttete heftig, alle wurden nass bis auf die Unterhose, Schulkeller war überschwemmt

Wie reagiert die Klasse?

- [ ] Alle lachten über Alma
- [ ] Alle fluchten.
- [ ] Alle rannten schockiert davon.

Wie verhält sich Alma?

- [ ] Alma war geschockt, sie suchte Hilfe bei der Zauberlehrerin.
- [ ] Alma lachte laut, sie schaffte es, den Zauber rückgängig zu machen

Wörtliche Rede:

Alma sagt: ______________________.

____

Die Lehrerin sagt: ______________________

____

3 **Fülle** nun den grünen Arm deiner Mindmap **aus**.

Eine eigene Erzählung fortsetzen

SB S. 137

1 Jetzt sollst du eine Geschichte schreiben. **Lies** dazu die **LERNBOX**.

LERNBOX

So schreibst du eine gute Geschichte:

- Schreibe einen **spannenden Anfang**, der neugierig macht.
- Schreibe in der **Vergangenheit** (Präteritum), zum Beispiel: Er mach**te**, er sag**te** ...
- Verwende **Adjektive**, um die Geschichte lebendiger zu gestalten, zum Beispiel: klug, beeindruckend, blitzartig, stürmisch ...
- Benutze die **wörtliche Rede**, zum Beispiel: Alma bibberte: „Was habe ich nur getan?“
- Finde eine passende **Überschrift**.

2 Mustafa hat zwei Anfänge der vorher geplanten Geschichte geschrieben. **Kreuze an**: Welcher ist der spannendste Anfang?

A ☐ Die Zwergin Alma hatte mit ihrer Zauberklasse im Schulhof Zauberunterricht bei der Zauberin Andromeda. Diesmal sollten alle Kinder einen Wetterzauber durchführen. Ihre Lehrerin sagte der Klasse den Zauberspruch. Alma hatte eine Idee. Aber ...

B ☐ Gestern konnte man im Zauberunterricht des ersten Zauberdiploms mal wieder so richtig was erleben. Alma passierte ein riesengroßes Missgeschick beim Zaubern, von dem sich die Zauberschule noch sehr lange erzählen würde. Draußen fand der magische Unterricht bei der cleveren Zauberin Andromeda statt. Diesmal sollten die Schülerinnen und Schüler einen einfachen Wetterzauber ausführen. Alma hatte eine geniale Idee. Sie wollte einen wunderschönen Regenbogen zaubern. Schnell sprach sie den Zauberspruch. Aber dann ging alles schief ...

3 **Begründe:** Warum ist der ausgewählte Anfang für dich spannend?

Der Anfang ____ ist spannend, weil ________________________________

____.

4 **Schreibe** nun die Geschichte **weiter**. Orientiere dich bei der Handlung an deiner Mindmap auf Seite 68.

Was passierte dann? Gibt es wörtliche Rede?	Statt eines wunderschönen Regenbogens zauberte die Zwergin Alma
Wie reagierte die Klasse? Gibt es wörtliche Rede?	Die anderen Zauberschülerinnen und Zauberschüler
Wie verhielt sich Alma? Wie löste sie das Problem? Gibt es wörtliche Rede?	Alma

5 **Schreibe** nun eine passende Überschrift **auf**.

Überschrift: ______________________________

6 Prüfe, ob du anschauliche Adjektive verwendet hast. Falls nicht, **füge** sie an passenden Stellen **ein**.

7 Hast du das Präteritum genutzt? **Unterstreiche** alle Verben in lila und verbessere Fehler.

8 **Schreibe** die ganze Geschichte ordentlich in dein Heft.

Eine eigene Erzählung überarbeiten

SB S. 141–142

1 Lisa hat Almas Geschichte weitergeschrieben. **Lies** den Auszug aus der Geschichte.

Plötzlich zuckt ein heller Blitz mit einem lauten Knall vom Himmel. Schnell kracht er mit einem ohrenbetäubenden Knall im Dach ein. Alma zuckt zusammen. Panisch flüstert sie: „Oh nein! Warum passiert mir immer sowas?“

2 **Markiere** alle Adjektive von Lisas Geschichte in rot, die wörtliche Rede in grün und die Verben in blau.

3 **Kreuze** an der **CHECKLISTE an**: Hat Lisa eine gute Geschichte geschrieben?

CHECKLISTE

Darauf musst bei einer Erzählung achten:

- ☐ Die Geschichte ist **spannend** geschrieben.
- ☐ Die Geschichte wurde im **Präteritum** (Vergangenheit: sagte, zauberte) geschrieben.
- ☐ In der Geschichte wurden **Adjektive** verwendet, um sie **lebendiger** zu gestalten.
- ☐ Es wurde **wörtliche Rede** verwendet.
- ☐ Die Geschichte hat eine **passende Überschrift**.

4 **Begründe**: Ist Lisas Geschichte gelungen?

Lisas Geschichte ist ☐ gelungen ☐ noch nicht so gelungen, weil

____.

5 Verbessere den Auszug aus Lisas Geschichte. **Schreibe** ihn im Präteritum in dein Heft.

6 Jetzt geht es um deine Geschichte. **Markiere** alle Adjektive in rot, die wörtliche Rede in grün, die Verben in blau und die Überschrift in orange.

7 **Verbessere** deine Geschichte mithilfe der **CHECKLISTE**.

8 **Schreibe** deine Geschichte komplett und ordentlich **ab**.

SB S. 146

Eine Erzählung planen und schreiben

1 Zur Vorbereitung auf die Abschlussprüfung des 1. Zauberdiploms soll der Zauberschüler Theo sich in einen Affen verwandeln. **Ergänze** die fehlenden Informationen in der Mindmap. Falls du Ideen brauchst, nutze die **SPRACHBOX**.

Theo
Verwandlung: in einen Affen, findet in der Sporthalle statt

Was passiert?

Verwandlung in einen Affen, Haut wird zu Fell, Schwanz wächst, bekommt lange Arme
Affe springt durch die Halle
Affe springt auf einen anderen Zauberschüler, nimmt ihm seine Sachen weg

Wie reagiert die Klasse?

erschrocken

Zauberschüler schreit um Hilfe

____

Wie verhält sich Theo?

____

____

____

Wörtliche Rede:

Theo sagt: _______________.

____

____

Der Schüler sagt: _______________

____

SPRACHBOX

panisch, der Affe springt herum
„Oh nein! Ich muss wohl für immer ein Affe bleiben!“
Die Klasse feuert ihn an, sich zurückzuverwandeln.
Theo wird ruhig, erinnert sich an die richtigen Worte, verwandelt sich zurück

2 **Schreibe** die Einleitung in dein Heft. So kannst du beginnen:

Zuerst fing alles ganz harmlos an. Verwandlungen hatte die Klasse schon oft geübt. Bisher hatte jeder Zauber gut geklappt. Aber heute in der Sporthalle ging bei Theo alles schief.

3 **Schreibe** nun die Geschichte mithilfe der Mindmap **weiter**.

4 **Schreibe** eine passende Überschrift über deine Geschichte.

5 **Kontrolliere** noch einmal,ob du alle Punkte auf der **CHECKLISTE** eingehalten hast. **Verbessere** die Stellen, die noch nicht gut gelungen sind.

6 **Schreibe** die korrigierte Geschichte ordentlich in dein Heft **ab**.

SB S. 148

Zauberschule Hokuspokus

	Was denkst du? Kreuze an!			Lass jemand anderen ankreuzen		
Ich kann ...	☺	😐	☹	☺	😐	☹
Figuren kennenlernen. (S. 62)						
die Handlung einer Erzählung verstehen. (S. 63–64)						
die Lesemethode „Aufpasswörter" anwenden. (S. 65)						
Figuren beschreiben und mich in sie hineinversetzen. (S. 66)						
Texte mit Adjektiven lebendiger schreiben. (S. 67)						
eine eigene Geschichte mit einer Mindmap planen. (S. 68)						
eine eigene Geschichte spannend zu Ende schreiben. (S. 69–70)						
eine Geschichte nach Kriterien überarbeiten. (S. 71)						
das, was ich gelernt habe, in dem Kompetenzcheck anwenden. (S. 72)						

Hier ist Platz für eine Rückmeldung:

____

____

____

____

____

____

____

Zu Lande, zu Wasser und in der Luft

SB S. 152–153

1 **Schau** dir die Bilder **an**.

2 **Ordne** die Nomen der **SPRACHBOX** den Bildern **zu**. Schreibe sie auf die Linien.

Bild 1 zeigt ein ______________________.

Bild 2 zeigt eine ______________________.

Bild 3 zeigt einen ______________________.

SPRACHBOX

Nomen: der Kletterpark – das Schwimmbad – die Minigolfanlage
Verben: schwimmen – klettern – golfen

3 **Ordne** die Verben aus der **SPRACHBOX** den Nomen **zu**.

der Kletterpark	das Schwimmbad	die Minigolfanlage

4 Welchen Ort würdest du gerne besuchen? **Ergänze** den Satz.

Ich würde gerne ______________________ besuchen, weil ______________________
____.

Einen Flyer lesen und verstehen

SB S. 154

1 Merve hält einen Flyer über den Kletterpark in der Hand. **Lies** den Flyer.

2 **Lies** in der **LERNBOX nach**, wie sie diesen verstehen kann.

LERNBOX

Einen Flyer lesen und verstehen:

- Flyer werden als **diskontinuierliche Texte** bezeichnet. Diskontinuierliche Texte bestehen nicht aus einem durchgängigen Text, sondern aus Textteilen.
- Lies in der **Überschrift**, worum es in dem Flyer geht.
- Unterstreiche auf dem Flyer die Antworten auf die **W-Fragen**.
- Schreibe die **Informationen** aus dem Flyer geordnet in einer Tabelle auf.

3 **Unterstreiche** auf dem Flyer:

- wie der Kletterpark heißt in **grün**.
- wann der Kletterpark geöffnet hat in **rot**.
- wo der Kletterpark ist in **blau**.
- wie die Telefonnummer des Kletterparks lautet in **lila**.
- wie teuer der Eintritt ist in **orange**.

4 **Ergänze** die Tabelle mit den Informationen aus dem Flyer.

	Name:
Ort:	
Öffnungszeiten:	
Eintrittspreise:	
Telefonnummer:	

Piktogramme verstehen

SB S. 158–159

1 Torben geht mit seinen Freunden in das Freibad. Dort sieht er viele Schilder, die er nicht versteht. **Lies** die **LERNBOX**.

LERNBOX

Piktogramme verstehen:

Ein **Piktogramm** ist eine kleine Zeichnung, meist mit wenigen Farben.
Es ist ein Symbol für eine Sache, die jeder kennt. Du findest sie zum Beispiel an Bahnhöfen oder Flughäfen. Sie geben wichtige **Informationen** und enthalten oft **Aufforderungen**, zum Beispiel:

Nicht rauchen!

2 Ordne die Piktogramme den Aufforderungen zu. **Verbinde** sie durch Linien.

nicht schubsen!

Müll abladen verboten!

Tiere verboten!

3 **Schau** dir das Piktogramm **an**.

4 Was könnte das Piktogramm bedeuten? **Schreibe** die Bedeutung auf die Linie.

____!

5 „Essen und Trinken verboten!“. Wie könnte ein Piktogramm dazu aussehen? **Male** es in das Kästchen.

Sachtexte lesen und erschließen

SB S. 160–162

1 Torben geht mit seiner Familie auf eine Minigolf-anlage. **Schau** dir zuerst das Foto rechts **an**. Vermute, wie Minigolf gespielt wird.

2 **Lies** jetzt den Sachtext.

Minigolf – früher und heute

(1) Schon vor fünf Jahrhunderten haben die Menschen Golf gespielt. Für das Golfspiel brauchte man aber viel Platz und es war sehr teuer. Die Menschen gruben Löcher in den Rasen und spielten Golf auf einer kleinen Flächen.

(2) Der Schweizer Paul Bongni hat 1954 die erste Anlage für Minigolf eröffnet. Er hatte 1951 schon den Namen Minigolf erfunden.

(3) In einer Minigolfanlage gibt es Bahnen. Alle Bahnen haben dieselbe Größe: Sie sind alle 12 Meter lang und 1,25 Meter breit.

(4) Auf den Bahnen sind Hindernisse aufgebaut. Die Bahnen haben manchmal Wellen. Manche Spielerinnen und Spieler erreichen mit einem Schlag das Loch. Sie sollen mit wenig Schlägen den Ball in das Loch schlagen. Pro Bahn darf man sechs Schläge machen. Wer auf den 18 Bahnen mit den wenigsten Schlägen den Ball in das Loch geschlagen hat, gewinnt das Spiel.

3 Ordne den Abschnitten im Text die Überschriften zu, indem du die Ziffern auf die Linien **schreibst**.

Der Erfinder des Minigolfs. Abschnitt ____

Die Anfänge des Minigolfs. Abschnitt ____

Die Regeln des Spiels. Abschnitt ____

Der Aufbau der Bahnen. Abschnitt ____

4 **Ergänze** die Lücken zu dem Sachtext.

Die erste Anlage gibt es seit __________. Auf einer Minigolfanlage gibt es __________ Bahnen. Eine Bahn ist immer __________ Meter lang und __________ Meter breit. Auf jeder Bahn gibt es unterschiedliche __________. Eine Spielerin oder ein Spieler darf auf einer Bahn nicht mehr __________ Schläge machen.

BASIS

SB EXTRA

Aufbau von Tabellen beschreiben

1 Merve möchte eine Tabelle lesen. Kannst du ihr helfen? **Lies** die **LERNBOX**.

LERNBOX

So beschreibst du eine Tabelle:

In einer **Tabelle** werden Zahlen oder Texte übersichtlich dargestellt.

- Eine Tabelle besteht aus **Zeilen**, **Spalten** und **Feldern**.
- Du liest die **Spalten** von oben nach unten. ↓
- Du liest die **Zeilen** von links nach rechts. →
- In der obersten Zeile und linken Spalte stehen die **Überschriften**.

2 **Schaue** dir die Tabelle genau **an**.

	Freibad Froschteich	**Minigolfanlage Eingelocht**
Eintrittspreise	3,50 Euro	5 Euro
Öffnungszeiten	Mai bis September (jeden Tag)	Februar bis November (jeden Tag)
Speisen	Eisstand	Pommesbude

3 **Beschrifte** die Tabelle mit den Informationen aus der **LERNBOX**.

4 **Fülle** die Lücken mit den Begriffen aus der **SPRACHBOX**.

Die Tabelle hat drei ____________ und vier ____________. In der obersten Zeile stehen die ____________ der Freizeiteinrichtungen. Die Freizeiteinrichtungen sind das ____________ und die ____________. In den Feldern stehen die ____________ zu den Freizeiteinrichtungen.

SPRACHBOX

Minigolfanlage „Eingelocht" – Zeilen – Namen – Informationen – Freibad „Froschteich" – Spalten

5 **Kreuze** die richtigen Antworten **an**.

Das Freibad hat von ☐ Mai bis September ☐ Februar bis November geöffnet.

Der Eintritt für die Minigolfanlage kostet ☐ 3,50 Euro ☐ 5 Euro.

Einem Flyer Informationen entnehmen

SB S. 163–165

1 Torben hat große Pläne für das Wochenende. **Lies**, was er vorhat.

TORBEN

Ich möchte am Sonntag mit meiner Familie Minigolf spielen. Der Eintritt sollte pro Person nicht teurer als 5 Euro sein. Damit wir nicht hungrig nach Hause fahren, möchten wir dort Pommes essen und etwas trinken.

2 **Kreuze an**, was Torben vorhat.

Torben möchte ☐ allein ☐ mit seiner Familie ☐ mit Freunden Minigolf spielen.

3 **Kreuze an**, was Torben wichtig ist. Das sind die Vorgaben.

Der Ausflug soll am ☐ Samstag ☐ Montag ☐ Sonntag stattfinden.

Der Eintritt sollte pro Person nicht teurer als ☐ 5 ☐ 6 ☐ 7 Euro sein.

Dort soll es ☐ Pommes und Getränke ☐ Pommes ☐ keine Speisen geben.

4 Torben hat sich Flyer von zwei unterschiedlichen Minigolfanlagen besorgt. **Lies** beide Flyer.

Minigolf im Stadtpark

Wir haben jeden Tag geöffnet.

Der Eintritt kostet 3 Euro.

Bei uns bekommt ihr Pommes und kalte Getränke.

AdventureGolf-Anlage – am See

Wir haben jeden Tag außer sonntags geöffnet!

Der Eintritt kostet 6,50 Euro.

Wir haben ausreichend Getränke vor Ort!

5 **Unterstreiche** in beiden Flyern.

- wie die Minigolfanlage heißt in **grün**.
- wann die Minigolfanlage geöffnet hat in **rot**.
- wie teuer der Eintritt ist in **orange**.
- Informationen zu Speisen und Getränken in **lila**.

6 **Ergänze** die Tabelle mit den Informationen aus den Flyern.

	Name:	Name:
Öffnungszeiten:		
Eintrittspreise:		
Speisen und Getränke:		

7 **Kreuze an**, welche Aussagen zutreffen.

	Name: Minigolf im Stadtpark	Name: Adventure-Golf-Anlage am See
Diese Minigolfanlage hat sonntags geöffnet.		
In dieser Minigolf-anlage kostet der Eintritt weniger als 5 Euro.		
In dieser Minigolf-anlage gibt es Pommes und Getränke.		

8 **Vervollständige** den Satz mit deiner Schlussfolgerung:

Torben sollte sich für die Minigolfanlage

______________________ entscheiden.

Einen Informationsvergleich schreiben

SB S. 167–169

1 **Lies** die **LERNBOX**.

LERNBOX

Einen informierenden Text schreiben.

- Mache dir am Anfang klar, was die Person machen möchte und was ihr dabei wichtig ist. Das sind die **Vorgaben**.
- Nenne die wichtigsten **Informationen** aus beiden Flyern. Das ist der **Vergleich**.
- **Schlussfolgere**, welche Freizeiteinrichtung die Voraussetzungen besser oder überhaupt erfüllt.
- Schreibe im **Präsens**.

2 **Ergänze** den Lückentext mit den Informationen aus der **SPRACHBOX**.

SPRACHBOX

3 Euro – Getränke - Minigolfanlage – geschlossen – Familie – 5 Euro – Pommes essen und etwas trinken – Sonntag – Flyer – geöffnet – Pommes – 6,50 Euro – im Stadtpark – geöffnet – 3 Euro – essen

Torben möchte mit seiner __________ eine __________ besuchen. Ihm ist wichtig, dass der Eintritt nicht mehr als __________ pro Person kostet. Er möchte mit seiner Familie dort auch __________. Die Minigolfanlage sollte am __________ geöffnet haben.

Torben hat zwei __________ miteinander verglichen. Die Minigolfanlage am See hat sonntags __________. Die Minigolfanlage im Stadtpark hat jeden Tag __________. Die Minigolfanlage am See verkauft nur __________. In der Minigolfanlage im Stadtpark kann man __________ essen und trinken. In der Minigolfanlage am See kostet der Eintritt __________. In der Minigolfanlage im Stadtpark kostet der Eintritt nur __________.

Torben sollte auf die Minigolfanlage __________ gehen, weil sie am Sonntag __________ hat und der Eintritt __________ kostet. Man kann dort auch __________ und trinken.

3 **Schreibe** den Text ohne Fehler in dein Heft **ab**.

Einen Vergleich überarbeiten

SB S. 170

1 **Lies** den Vergleich, den die Schülerin geschrieben hat.

↳seiner Familie↲	
Torben möchte mit ↳seinem Freund↲ eine Minigolf-	
anlage besuchen. Ihm ist wichtig, dass der Eintritt	
nicht mehr als 4 Euro pro Person kostet. Er möchte mit	↳5 Euro↲
seinem Freund dort Pommes essen und etwas trinken.	↳seiner Familie↲
Die Minigolfanlage sollte am Samstag geöffnet haben.	↳Sonntag↲
Torben hat drei Flyer miteinander verglichen. Die Mini-	↳zwei↲
golfanlage am See hat sonntags geöffnet. Die	↳geschlossen↲
Minigolfanlage im Stadtpark hat jeden Tag geöffnet.	
Die Minigolfanlage am See verkauft nur Eis. In der	↳Getränke↲, T
Minigolfanlage im Stadtpark kann man Döner essen.	↳Pommes↲,
In der Minigolfanlage am See kostet der Eintritt	
7,50 Euro. In der Minigolfanlage im Stadtpark kostet	↳6,50 Euro↲
der Eintritt nur 4 Euro.	↳3 Euro↲
Torben sollte zu der Minigolfanlage am See gehen,	↳im Stadtpark↲
weil sie an dem Sonntag geöffnet hatte, der Eintritt	T
nicht zu teuer ist und man dort auch Pommes essen	
und etwas trinken kann.	

2 **Lies** in der **CHECKLISTE nach**, was es alles bei einem Vergleich zu beachten gibt.

CHECKLISTE

So überarbeitest du einen Vergleich:

Überprüfe, ob dein Vergleich alle wichtigen Informationen enthält.

- ☐ Am Anfang sind die **Vorgaben richtig** genannt.
- ☐ Die wichtigsten **Informationen aus den Flyern** werden verglichen.
- ☐ In der **Schlussfolgerung** wird gesagt, welche Minigolfanlage geeignet ist.
- ☐ Der Text ist im **Präsens** geschrieben.

3 Am Rand findest du Korrekturzeichen. Verbessere die Fehler, indem du die Wörter richtig über den Fehler **schreibst**.

4 **Schreibe** deinen Informationsvergleich ohne Fehler in dein Heft.

KOMPETENZCHECK

SB S. 171–172

Einen Informationsvergleich schreiben

1 Romeo möchte in ein Schwimmbad gehen. **Lies**, was ihm wichtig ist.

ROMEO

Am Freitag möchte ich von 14 bis 18 Uhr mit meinen Freunden in ein Schwimmbad gehen. Wir möchten dort etwas Warmes essen! Der Eintritt sollte nicht mehr als 10 Euro pro Person kosten.

2 **Notiere**, was Romeo wichtig ist, auf den Linien. Dies sind die Vorgaben.

Wann möchte er in das Schwimmbad gehen? ______________________________

Wie viel darf der Eintritt kosten? ______________________________

Was möchte Romeo dort essen? ______________________________

3 Romeo hat Flyer von zwei Schwimmbädern. **Lies** die beiden Flyer.

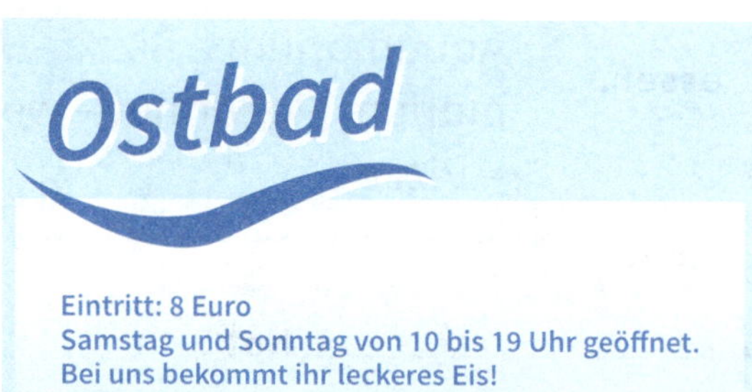

4 Lies die Fragen in der linken Spalte der Tabelle. **Unterstreiche** in den Flyern die Stellen, die Antworten auf die Fragen geben, in den passenden Farben.

	Ostbad	Aquamarium
Wann hat das Schwimmbad geöffnet?		
Wie teuer ist der Eintritt?		
Welche Speisen gibt es?		

5 **Schreibe** die markierten Textstellen aus Aufgabe **4** in die Tabelle.

	Ostbad	Aquamarium
Dieses Schwimmbad hat freitags von 14 bis 18 Uhr geöffnet.		
In diesem Schwimmbad kostet der Eintritt nicht mehr als 10 Euro.		
In diesem Schwimmbad gibt es warme Speisen.		

6 **Kreuze an**, welche Aussagen zutreffen.

7 **Vervollständige** den Satz mit deiner Schlussfolgerung:

Romeo sollte sich für das Schwimmbad ______________________________ entscheiden.

8 **Ergänze** den Lückentext mit Informationen aus der **SPRACHBOX**.

SPRACHBOX

Eis – Sonntag – Schwimmbad – Freitag – 14 bis 18 Uhr – Nudeln – 8 – Warmes – Flyer – Samstag – Ostbad – Nudeln – 9 bis 20 Uhr – 10 – Aquamarium – Pizza – Aquamarium – geöffnet – weniger – Pizza

Romeo möchte am ______________ mit seinen Freunden von ____________ Uhr in ein ____________________ gehen. Der Eintritt sollte nicht mehr als ______ Euro pro Person kosten. Er möchte dort etwas _________________ essen. Romeo vergleicht zwei __________________. Das Schwimmbad Ostbad hat nur am _______________ und am _______________ geöffnet. Das Schwimmbad ____________________ hat jeden Tag von ___________ Uhr geöffnet. Im _________________ kostet der Eintritt 8 Euro pro Person, im Aquamarium kostet der Eintritt ______ Euro. Im Ostbad kann man nur _______________ essen. Im Aquamarium gibt es _______________ und _______________.

Romeo sollte in das Schwimmbad _____________________ gehen, da es am Freitag von 9 – 20 Uhr _____________ hat. Der Eintritt kostet _____________ als 10 Euro und er kann dort _____________ oder _____________ essen.

9 **Überarbeite** deinen Text mithilfe der **CHECKLISTE** von Seite 82.

10 **Schreibe** den Lückentext ohne Fehler **ab**.

SB S. 174

Zu Lande, zu Wasser und in der Luft

	Was denkst du? Kreuze an!			Lass jemand anderen ankreuzen		
Ich kann ...	☺	😐	☹	☺	😐	☹
Freizeitangebote benennen. (S. 74)						
einen Flyer erschließen. (S. 75)						
Piktogramme verstehen. (S. 76)						
Sachtexte erschließen. (S. 77)						
den Aufbau einer Tabelle beschreiben. (S. 78)						
einen Flyer lesen und ihm Informationen entnehmen. (S. 79–80)						
einen Informationsvergleich schreiben. (S. 81)						
einen Informationsvergleich überarbeiten. (S. 82)						

Hier ist Platz für eine Rückmeldung:

____

____

____

____

____

____

____

____

Gespenster-Lesenacht

SB S. 178–179

1 Hier siehst du Tom, den Gespensterjäger. **Betrachte** die Abbildung genau.

2 **Beschrifte** Toms Ausrüstungsgegenstände mithilfe der **SPRACHBOX**.

SPRACHBOX

der Spiegel – das Ei – der Kassettenrekorder – die rote Strickjacke – die Wärmflasche

3 **Nenne** einen Gegenstand, den du auf eine Gespensterjagd mitnehmen würdest. **Begründe** deine Wahl.

Ich würde ______________ mitnehmen, weil ______________

____.

4 Kennst du noch weitere Gespenstergeschichten? **Male** ein Bild von der Geschichte.

Eine Bibliothek erkunden

SB S. 180–182

1 Emre und Mila möchten sich ein spannendes Buch über einen Gespensterjäger ausleihen. Sie gehen in die Bibliothek und schauen sich dort um. **Schau** dir die Bibliothek genau **an**.

2 In dem Buchstabengitter sind sechs Wörter versteckt, die mit der Bibliothek zu tun haben. **Male** die Kästchen **aus**.

K	L	A	U	S	L	E	I	H	E	P	H	F	G
O	C	O	M	P	U	T	E	R	S	I	M	I	H
R	L	E	S	E	E	C	K	E	H	F	K	R	I
W	B	Ü	C	H	E	R	R	E	G	A	L	L	S
N	S	C	H	L	I	E	ß	F	Ä	C	H	E	R
A	R	I	E	S	T	S	T	L	L	M	Z	E	Z
R	Ü	C	K	G	A	B	E	R	Z	C	H	M	R

3 Hast du alle Wörter gefunden? Überprüfe und **kreuze an**.

- ☐ Ausleihe
- ☐ Computer
- ☐ Bücherregal
- ☐ Rückgabe
- ☐ Leseecke
- ☐ Schließfächer

4 **Notiere** die Wörter auf den passenden Schildern in der Bibliothek.

5 Eine nette Dame hilft Mila und Emre bei der Suche. **Lies**, welche Hinweise sie den beiden gibt.

Sucht nach „Gespensterjäger auf eisiger Spur". Das ist der **Titel** des Buches.
Cornelia Funke hat das Buch geschrieben. Sie ist die **Autorin**.
Das Buch wurde 2009 veröffentlicht. Das ist das **Erscheinungsjahr**.
In den Regalen sind die Bücher sortiert. Sucht nach der **Signatur** „ERZ 82 Funke".
Vorne ist ein großes Bild zu sehen. Das ist das **Titelbild**.
Die gesamte vordere Seite nennt sich **Cover**.
Auf der Rückseite findet ihr einen **Klappentext**. Dort steht etwas über den Inhalt.

6 **Trage** die passenden grünen Wörter aus Aufgabe **5** an der richtigen Stelle **ein**.

7 Mila hat sich die wichtigsten Informationen zu dem Buch aufgeschrieben. Sie hat jedoch vier Angaben falsch notiert. Streiche die falschen Angaben durch. **Schreibe** die richtigen Angaben daneben.

Autorin: ~~Corinna~~ Funke — Cornelia

Titel: Gespensterjäger auf eiserner Spur — ______

Erscheinungsjahr: 2008 — ______

Signatur: ERZ 81 Funke — ______

Gedichte frei vortragen

SB S. 183–184

1 **Lies** das Gedicht.

Hundertzwei Gespensterchen, von James Krüss

Hundertzwei Gespensterchen	kleine Gespenster
saßen irgendwo	
hinter meinem Fensterchen.	
Da erschrak ich so.	
Hundertzwei Gespensterchen	
waren sehr vertrackt:	schwierig
An meinem Kammerfensterchen	kleines Fenster
klopften sie im Takt. […]	regelmäßige Geräusche
Hundertzwei Gespensterchen,	
denkt euch, wie famos,	wunderbar
waren an dem Fensterchen	
Regentropfen bloß.	nur

2 Mila hat schwierige Wörter unterstrichen und die Erklärungen an den Rand geschrieben. **Lies** die schwierigen Wörter und die Erklärungen.

3 **Übe**, diese schwierigen Wörter richtig auszusprechen. Sprich die Silben deutlich.

4 Lerne das Gedicht ganz genau und **schreibe** es auf einen Spickzettel **ab**. Lies den ersten Teil der **LERNBOX.**

5 **Lies** in der **LERNBOX** im zweiten Teil **nach**, was du beim Vortrag beachten sollst.

LERNBOX

So trägst du ein Gedicht frei vor:

1. Vorbereitung:
Lerne das Gedicht **ganz genau**, am besten lernst du es auswendig. Schreibe es auf einen **Spickzettel** – für alle Fälle.

2. Vortrag:
Spricht **laut und deutlich**. **Betone** jedes Wort und **öffne** den Mund weit. **Schaue** deine **Zuhörerinnen** und **Zuhörer an**. **Lies** möglichst **wenig** vom Spickzettel **ab**.

6 **Übe** deinen Gedichtvortrag. Halte deinen Spickzettel bereit.

7 Was kannst du noch verbessern? **Lass** dir eine Rückmeldung **geben**.

BASIS

Mit einem Leseziel lesen

1 **Lies** in der **LERNBOX nach**, wie du mit einem Leseziel liest.

LERNBOX

So liest du mit einem Leseziel:

- Lies die **Fragen zu dem Text**.
- Schau dir die fett gedruckten **Schlüsselwörter** der Frage genau an.
- Lies den **Text**.
- Such die **Schlüsselwörter im Text**.
- Lies die **Wörter um die Schlüsselwörter herum**.
- **Beantworte die Frage** mithilfe der Wörter aus dem Text.

2 **Lies** die Fragen zu dem Text.

A) Wer tauchte eines Morgens an Ricks **Bett** auf?

B) In was für einer Situation sind die **Gespenster**?

C) In was soll das **alte Spukschloss** umgewandelt werden?

D) Wer startet die **Aktion Geisterrettung**?

3 **Schau** dir die fett gedruckten Schlüsselwörter in den Fragen **an**.

4 **Lies** den Text. Achte besonders auf die Schlüsselwörter.

Rick traut seinen Augen nicht, als eines Morgens eine ganze Gespensterfamilie an seinem **Bett** auftaucht! Die **Gespenster** erhoffen sich von Rick Hilfe in einer misslichen Situation: Ihr altes **Spukschloss** soll in einen Ferienpark umgewandelt werden – und sie stehen ohne Zuhause da! Sofort startet Rick die **Aktion Geisterrettung** …

5 **Beantworte** die Fragen zum Text. Lies noch einmal die Wörter um die Schlüsselwörter herum, wenn du dir unsicher bist.

A) Wer tauchte eines Morgens an Ricks **Bett** auf? ______________________

B) In was für einer Situation sind die **Gespenster**? ______________________

C) In was soll das **alte Spukschloss** umgewandelt werden? ______________________

D) Wer startet die **Aktion Geisterrettung**? ______________________

Eine Gespenstergeschichte lesen

SB S. 188–190

1 Du liest gleich einen Auszug aus einem Jugendroman über Gespenster. Informiere dich vorher über die Handlung. **Lies** dazu den Text:

Tom hat im Keller seiner Eltern ein Gespenst entdeckt. Er bittet die Freundin seiner Oma bei der Jagd nach dem Gespenst um Hilfe. Hedwig Kümmelsaft kennt sich gut mit Gespenstern aus. Sie gibt Tom Tipps, wie er ein MUG, ein „**M**ittelmäßig **U**nheimliches **G**espenst“, fangen kann.

2 **Lies** den Auszug aus dem Jugendroman.

Schleimspuren in der Dunkelheit, Cornelia Funke

(Auszug aus dem Roman: Gespensterjäger auf eisiger Spur, verändert)

(1) Tom saß auf seinem Bett und kaute an den Fingernägeln. Er schaute ständig auf den Wecker. Zehn vor elf. Punkt elf musste er im Keller sein. Eine Stunde vor Mitternacht. Da sind MUGs am schwächsten, hatte Frau Kümmelsaft gesagt.

(2) Toms Ausrüstung lag auf dem Teppich. Damit wollte er das Gespenst vertreiben. „Warum muss ich eigentlich das Gespenst vertreiben?“, dachte er ärgerlich. Aber Jammern half nicht. Es musste weg. Sonst würde er abends nicht mehr schlafen können. Tom nahm seine Brille ab und putzte sie noch einmal ordentlich. Frau Kümmelsaft hatte ihm den Tipp gegeben, rote Kleidung anzuziehen. Er trug die rote Strickjacke von seinem Vater und die roten Socken von seiner Schwester Lola.

(3) Fünf vor elf. Tom legte sich eine heiße Wärmflasche unter sein T-Shirt. Nervig war das! Mama sah ihn dabei zum Glück nicht. Sonst hätte sie ihn für krank gehalten. „MUGs mögen keine Wärme“, hatte Frau Kümmelsaft gesagt. „Hoffentlich“, dachte Tom.

(4) Tom steckte sich Ersatzschuhe hinten in den Gürtel. Dann hängte er sich Mamas Spiegel um den Hals. Er sprühte sich mit Lolas Lieblingsparfum ein und nahm seinen Kassettenrekorder unter den Arm. Er hatte Musik von Mozart. MUGs ließen sich davon besonders abschrecken. Auch ein rohes Ei hatte er besorgt. Er legte es vorsichtig in seine Jackentasche.

3 Wofür steht die Abkürzung „MUG“? **Sortiere** die Buchstaben.

MITGEMTβLÄI ____________________

NEUCMSHIHILE ____________________

EGSEPSNT ____________________

4 Wer hat Tom beraten? **Trage** die Buchstaben **ein**:

5 Wann muss Tom im Keller sein? **Zeichne** die Uhrzeit **ein**.

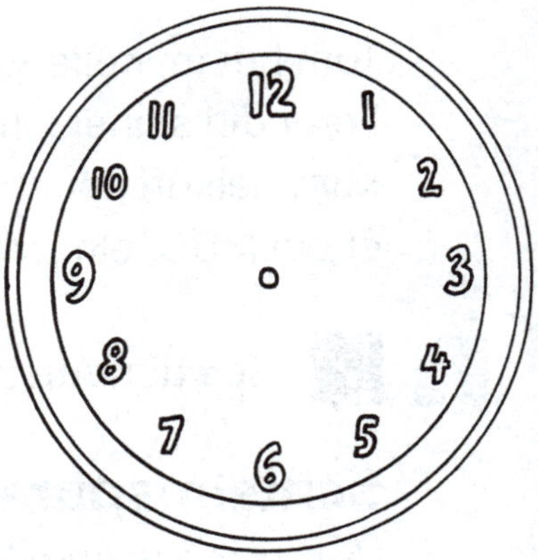

6 Warum muss Tom um diese Uhrzeit im Keller sein?
Kreuze an: MUGs sind dann am ...

☐ schwächsten. ☐ wachsten. ☐ nettesten.

7 Sind die Aussagen falsch oder richtig? **Kreuze an:**

	richtig	falsch
Toms Ausrüstung liegt auf dem Bett.	☐	☐
Die rote Strickjacke hat er von seinem Vater.	☐	☐
Die gelben Socken hat Tom von seiner Schwester Lola.	☐	☐
Tom trägt eine Wärmflasche unter seinem Pullover.	☐	☐
Er ist genervt von der Wärmflasche.	☐	☐

8 **Ergänze** den Satz:

Tom hat Musik von Mozart dabei, weil MUGs ______________________

____.

9 Auf der Abbildung fehlen einige Gegenstände aus Toms Ausrüstung. **Zeichne** sie **ein** und **male** das Bild anschließend **aus**.

WES-126449-012
Bild zum Ausmalen

Textstellen angeben

SB EXTRA

1 Gespensterjäger Tom ist schon einmal einem MUG begegnet, als er Orangensaft aus dem Keller holen wollte. **Lies** den Auszug aus dem Roman.

Tom hatte Angst vor dem Keller. Er wollte schnell rausgehen. Aber seine Schuhe klebten am Boden fest. Er hörte seinen eigenen Atem. Und dann ein leises Rascheln. So als striche etwas über die alten Zeitungen, die Mama irgendwo in der Dunkelheit gestapelt hatte. „Hilfe!“, flüstert Tom. „Oh Mann, Hilfe!“

„Aaaaaahooooo!“, stöhnte jemand in der Dunkelheit. Kalter, stinkender Atem strich ihm über das Gesicht. Eisige Finger packten seinen Hals. Die Eisfinger zogen an seinen Ohren. Irgendwas schimmerte hell und weiß im dunklen Keller. Es hatte grün leuchtende Augen und dünnes Haar, das flatterte, als würde ein leichter Wind wehen. Es grinste gemein und sah schrecklich aus. Tom ging langsam rückwärts zur Tür, dann rannte er so schnell er konnte die Treppe hinauf. (verändert)

2 **Beantworte** diese Fragen zum Text:

Was hört Tom im Keller? ____________________

Wie bewegt sich das Haar des MUG? ____________________

3 Du sollst nun angeben, wo genau im Text diese Stellen stehen. Dazu musst du die richtigen Zeilen finden. **Lies** dazu die **LERNBOX**.

LERNBOX

Textstellen angeben

Vor und nach der Textstelle schreibst du **Anführungszeichen**. Die **Zeile**, in der die Textstelle steht, schreibst du **in Klammern** dahinter: „Die Eisfinger zogen an seinen Ohren“ (Z. 9).

4 Beantworte die Fragen und **trage** die richtigen Zeilen **ein**. Achte auf die kleinen Zahlen am Rand des Textes.

Was hört Tom im Keller? ____________________ (Z.____–____).

Wie bewegt sich das Haar des MUG? ____________________ (Z.____).

Einen TAT-Satz schreiben

SB S. 191

1 **Lies** in der **LERNBOX** nach, was der TAT-Satz ist.

LERNBOX

Der TAT-Satz

Wenn du über einen Text schreibst, steht am Anfang der **TAT-Satz** und das Thema. **TAT** steht für:

Titel = die Überschrift.

Autorin/Autor = die Person, die den Text geschrieben hat.

Textsorte = zum Beispiel: Gedicht, Auszug aus einem Roman ...

2 **Lies** den Auszug aus dem Jugendroman.

Schleimspuren in der Dunkelheit, von Cornelia Funke
(Auszug aus dem Roman: Gespensterjäger auf eisiger Spur, verändert)

„Auf keinen Fall eine Taschenlampe", hatte Hedwig Kümmelsaft gesagt. „Taschenlampen machen Gespenster wild. Aber man sieht in dem Licht, das die Gespenster verbreiten, sehr gut." Tom hätte sich mit einer Taschenlampe besser gefühlt. Er konnte es nun aber nicht mehr ändern.

3 **Kreuze** die richtigen Antworten **an**:

T: Die Textsorte ist ☐ ein Gedicht ☐ ein Auszug aus einem Roman

A: Die Autorin ist
☐ Eva Ibbotson ☐ Cornelia Funke ☐ Christina Foshag

T: Der Titel des Romans ist ______________________

4 Du musst auch angeben, worum es in dem Auszug geht. Das ist das Thema. **Kreuze an**.

☐ „Auf keinen Fall eine Taschenlampe!"
☐ „Wo ist die Taschenlampe?"
☐ „Die Taschenlampe ist kaputt!"

5 **Fülle** den Lückentext **aus**.

Bei dem Text handelt es sich um einen ______________________.
Der Roman hat den Titel ______________________.
Die Autorin ist ______________________.
Das Thema ist ______________________.

Eine Textuntersuchung planen

SB S. 188–192

1 **Lies** den Auszug aus dem Jugendroman.

Schleimspuren in der Dunkelheit, von Cornelia Funke

(Auszug aus dem Roman: Gespensterjäger auf eisiger Spur, verändert)

(1) ______________________________

Tom sah an sich runter. „Hoffentlich sieht mich so keiner“, dachte er. Er legte noch ein paar Kissen unter seine Bettdecke in seinem Zimmer. Es sollte so aussehen, als würde er darunter liegen. Er machte das Licht aus und öffnete die Tür. Es war genau elf Uhr. Niemand sah ihn. Toms große Schwester hörte bestimmt im Bett Musik. Und seine Eltern saßen vor dem Fernseher. Im Treppenhaus war niemand.

(2) ______________________________

Da. Nur ein paar Stufen tiefer tanzte etwas Grünes vor der Tür. Das Kellergespenst. Kein Zweifel. Tom bekam eine Gänsehaut. Trotz der Wärmflasche. Eine lange Schleimspur zog sich durch das ganze Treppenhaus. „Ich gehe leise wieder hoch!“, dachte Tom.

(3) ______________________________

Tom wollte sich gerade umdrehen. Da sah das Gespenst zu ihm herauf. Es riss seine grünen Augen auf und wurde einen Meter größer. Das Gespenst streckte seine Finger nach Tom aus. Tom zitterte. Fast rutschte ihm die Strickjacke von den Schultern. „Das war es“, dachte Tom.

2 **Unterstreiche** schwierige Wörter mit einer Wellenlinie und kläre sie.

3 Bereite deinen TAT-Satz vor. **Trage** die richtigen Antworten **ein**:

T: Die Textsorte ist

☐ ein Gedicht ☐ ein Auszug aus einem Roman ☐ ein Lied

A: Die Autorin ist

☐ Eva Ibbotson ☐ Cornelia Funke ☐ Christina Foshag

T: Der Titel ist ______________________________

4 **Kreuze** das Thema **an**:

☐ Die Gespensterjagd startet! ☐ Das Gespenst ist weg!

☐ Mama und Papa schauen Fernsehen. ☐ Tom sieht komisch aus.

5 **Schreibe** die richtige Überschrift auf die Linie über dem Abschnitt.

Begegnung mit dem Gespenst • Es ist elf Uhr • Schleim auf der Treppe

6 **Lies** die **LERNBOX** über Schlüsselstellen.

LERNBOX

Schlüsselstellen in erzählenden Texten

Schlüsselstellen helfen dir, Geschichten zusammenzufassen.
Du beantwortest dann diese Fragen:
- **Welche Personen** sind für die Geschichte wichtig?
- **Wo** und **wann** spielt die Geschichte?
- **Was passiert** in der Geschichte?

7 **Markiere** im Text Stellen, die beim Beantworten der Fragen aus der **LERNBOX** helfen. Das sind Schlüsselstellen.

8 **Beantworte** die Fragen zum Text. Schaue auf deine Markierungen im Text.

Welche zwei Figuren treffen aufeinander?

________________ und ________________ treffen aufeinander.

Wo befinden sich die beiden?

Tom ist erst in seinem ____________. Im ____________________ treffen sich Tom und das Gespenst.

Wann passiert die Handlung der Geschichte?

Die Geschichte spielt um ______________ Uhr.

Was passiert in der Geschichte?

Tom sieht auf der ______________ das grüne ______________.
Als er wieder in sein __________________ gehen möchte, sieht ihn das ________________ an und wird ________________. Tom hat __________________ vor dem Gespenst und zittert am ganzen ____________________.

9 Warum hat Tom Angst vor dem Gespenst? **Kreuze an.**

- ☐ Weil das Gespenst die Augen aufreißt.
- ☐ Weil das Gespenst auf Tom zeigt.
- ☐ Weil das Gespenst ein weißes Gewand trägt.
- ☐ Weil das Gespenst plötzlich größer wird.

Eine Textuntersuchung schreiben

SB S. 200–202

1 Nun sollst du alle Teile deiner Textuntersuchung zusammenführen. **Lies** in der **LERNBOX** nach, wie man eine Textuntersuchung schreibt.

LERNBOX

Eine Textuntersuchung schreiben

- Beginne mit dem **TAT-Satz** (Titel, Autorin/Autor, Textsorte) und dem **Thema**.
- Schreibe aus allen Schlüsselstellen eine **Inhaltsangabe**.
- Nenne die Schlüsselstellen in der **richtigen Reihenfolge**.
- Beantworte die **Untersuchungsfrage** mit dem Text.
- Schreibe im **Präsens**.

2 **Schreibe** deinen TAT-Satz und das Thema von Seite 95 ins Heft.

3 **Schreibe** deine Inhaltsangabe. **Ergänze** dazu die Lücken mithilfe der **SPRACHBOX**.

Um ______________ Uhr verlässt Tom sein ______________. Er möchte in den ______________ gehen. Auf der ______________ sieht er etwas ______________. Es tanzt. Durch das ganze ______________ läuft eine ______________. Tom möchte wieder in sein ______________ gehen. Plötzlich sieht er das ______________. ______________ hat große ______________ vor dem Gespenst und zittert am ganzen ______________.

SPRACHBOX

elf – Zimmer – Treppenhaus – Tom – Schleimspur – Zimmer – Treppe – Körper – Keller – Grünes – Gespenst – Angst

4 Warum hat Tom Angst vor dem Gespenst? **Ergänze** die Lücken.

Tom hat ______________ vor dem ______________, weil es seine ______________ aufreißt und plötzlich ______________ (Z. ____).

5 **Schreibe** alle Teile der Textuntersuchung in dein Heft.

Eine Textuntersuchung überarbeiten SB S. 203

1 Emre hat eine Textuntersuchung geschrieben. Er ist nicht zufrieden. Kannst du ihm helfen? **Lies** seine Textuntersuchung.

(1) Bei dem Text handelt es sich um einen ______________.
Der ______________ ist „Gespensterjäger auf schleimiger Spur“.
Die ______________ ist Cornelia Funke. Das ______________ ist „Die Gespensterjagd startet!“.

(2) Tom verließ um ↳zwölf Uhr↲ sein Zimmer und geht in das Treppenhaus. Dort sah er etwas ↳Blaues↲. Es tanzt. Durch das ganze Treppenhaus lief eine Schleimspur. Tom möchte in ↳die Küche↲ gehen. Plötzlich sieht ihn das Gespenst an. Tom hat Angst vor dem Gespenst. Er zittert am ganzen Körper. Tom fürchtete sich vor dem Gespenst, weil es ↳seine Faust↲ nach ihm ausstreckt und seine Augen schloß. Es wurde auch plötzlich ganz klein.

T, ↳elf Uhr↲
T, ↳Grünes↲
T, ↳sein Zimmer↲
T
↳seine Finger↲

2 **Lies** die **CHECKLISTE** zur Textuntersuchung.

CHECKLISTE

So überarbeitest du eine Textuntersuchung:

Hake ab, ob die Textuntersuchung alle wichtigen Informationen enthält. **Korrigiere alle Fehler**, die du findest.

- ☐ Der **TAT-Satz** nennt alle Informationen (Titel, Autorin/Autor, Textsorte) und das **Thema**.
- ☐ In der **Inhaltsangabe** stehen alle **Schlüsselstellen richtig**.
- ☐ Schlüsselstellen sind in der **richtigen Reihenfolge** genannt.
- ☐ Die **Untersuchungsfrage** wird beantwortet.
- ☐ Der Text steht im **Präsens** (Gegenwartsform: sitze, höre).

3 Da fehlt doch etwas! **Ergänze** den TAT-Satz in Absatz 1.

4 Einige Fehler sind schon am Rand verbessert. Im letzten Satz sind aber noch vier Fehler. Finde und **verbessere** sie. Nutze die Korrekturzeichen T für Fehler der Zeitform und ↳↲, wenn du Wörter austauschen möchtest.

5 **Schreibe** die verbesserte Textuntersuchung in dein Heft.

KOMPETENZCHECK

SB S. 204–206

Eine Textuntersuchung schreiben

1 **Lies** den Auszug aus dem Jugendroman.

Schleimspuren in der Dunkelheit, von Cornelia Funke
(Auszug aus dem Roman: Gespensterjäger auf eisiger Spur, verändert)

Das Gespenst fasste ihn nicht an. Ein unheimliches Geräusch ging durch das Treppenhaus. Tom öffnete seine Augen. Das Gespenst schaute in den Spiegel vor seiner Brust. Es gab nochmal das Geräusch von sich und flog die Treppe hinunter. Tom hörte auf zu zittern. Das Gespenst flüchtete. Es flüchtete vor ihm! Tom ging mit einem guten Gefühl die Treppe runter. Das Gespenst flog heulend den Flur entlang. Es drehte sich nach Tom um und heulte ihn wütend an. Plötzlich war es weg. Es verschwand durch die Tür zu Toms Keller. Tom sagte: „Das wird dir nichts bringen!“ Er schloss die Tür auf und schaltete den Kassettenrekorder an. Er stellte die Musik auf volle Lautstärke. Plötzlich ging der Kassettenrekorder aus. Das Gespenst wurde sehr groß. Es reichte bis zur Decke und spuckte gelbe Spucke auf den Spiegel.

2 **Schreibe** die Informationen für den TAT-Satz auf die Linien.

Titel: ______________________________

Autorin: ________________ Textsorte: ________________

Thema: Das ________________ hat Angst!

3 **Nummeriere** die Schlüsselstellen in der richtigen Reihenfolge.
Achtung: Zwei Schlüsselstellen passen nicht! Streiche sie durch.

☐ Das Gespenst fliegt die Treppe runter. Es flüchtet.	☐ Das Gespenst spuckt gelbe Spucke.	☐ Tom rennt vor dem Gespenst davon.
☐ Tom schließt den Kellerraum auf.	☐ Tom findet den Schlüssel nicht mehr.	☐ Tom schaltet den Kassettenrekorder an.
☐ Der Kassettenrekorder geht aus. Das Gespenst wird riesig.	1 Das Gespenst schaut in den Spiegel.	☐ Das Gespenst versteckt sich vor Tom in einem Kellerraum.

4 Warum geht Tom mit einem guten Gefühl in den Keller runter? **Kreuze an**.

- [ ] Weil seine Eltern ihm gleich helfen können.
- [ ] Weil das Gespenst Angst vor Tom hat und vor ihm flüchtet.
- [ ] Weil Tom und das Gespenst Freunde werden.

5 **Vervollständige** die Textuntersuchung. Verwende die Informationen aus den Aufgaben **2** – **4** und die Wörter aus der **SPRACHBOX**. Ergänze den letzten Satz mit eigenen Worten.

Bei dem Text handelt es sich um einen ______________________.

Er hat den Titel „______________________". Die Autorin ist

______________________. Das Thema ist „______________________

______________________".

Das Gespenst ____________ in den ____________ vor Toms

Brust. Es fliegt die ____________ runter. Es ____________ vor ____________.

Das ____________ versteckt sich in einem ____________. Tom

____________ den Kellerraum auf. Er schaltet den ____________

an. Plötzlich geht der ____________ aus. Das Gespenst wird

____________. Es ____________ gelbe ____________.

Tom geht mit einem guten Gefühl den Keller runter, weil ____________

____.

SPRACHBOX

Gespensterjäger auf eisiger Spur – Cornelia Funke – Auszug aus einem Roman – Das Gespenst hat Angst – Spiegel – flüchtet – Tom – Gespenst – schaut – Kellerraum – schließt – Kassettenrekorder – Treppe – Spucke – Kassettenrekorder – riesig – spuckt

6 **Überprüfe** die Textuntersuchung mithilfe der **CHECKLISTE** von Seite 98.

7 **Schreibe** den Text ohne Fehler **ab**.

SB S. 208

Gespenster-Lesenacht

Kompetenz/Inhalt	**Was denkst du? Kreuze an!**			**Lass jemand anderen ankreuzen.**		
Ich kann ...	☺	😐	☹	☺	😐	☹
mich im Thema Gespensterjagd orientieren. (S. 86)						
Fachwörter aus der Bibliothek verwenden. (S. 87–88)						
Gedichte frei vortragen. (S. 89)						
Texte mit einem Leseziel lesen. (S. 90)						
einen Textauszug aus einem Jugendroman lesen und Aufgaben dazu bearbeiten. (S. 91–92)						
Textstellen richtig angeben. (S. 93)						
einen TAT-Satz schreiben und das Thema ergänzen. (S. 94)						
eine Textuntersuchung planen. (S. 95–96)						
eine Textuntersuchung schreiben. (S. 97)						
eine Textuntersuchung überarbeiten. (S. 98)						
das, was ich gelernt habe, in dem Kompetenzcheck anwenden. (S. 99–100)						

Hier ist Platz für eine Rückmeldung:

____

____

____

____

____

Ein Outdoor-Wochenende

SB S. 212–213

1 Warst du schon einmal zelten oder hast Camping gemacht? **Sprich** mit einer Lernpartnerin oder einem Lernpartner über deine Erfahrungen.

2 **Schaue** dir die Bilder in den Gedankenblasen **an** und schreibe auf, was die Pfadfinderinnen und Pfadfinder auf den Bildern machen.

____

____

____

3 Die Kinder in den Bildern machen ein Outdoor-Wochenende. Was würdest du gern bei so einem Wochenende machen? **Schreibe** es **auf**:

Ich würde gern ____

Eine Beschreibung hören und verstehen

SB S. 214

1 Die Pfadfindergruppe ist am Bahnhof angekommen und will ihr Outdoor-Wochenende beginnen. **Höre** dir **an**, welchen Weg sie gehen soll.

2 Zu welchem Ziel gelangt man, wenn man der Beschreibung folgt? **Höre** dir die Beschreibung noch einmal **an** und fahre mit dem Finger auf der Karte entlang.

WES-126449-013

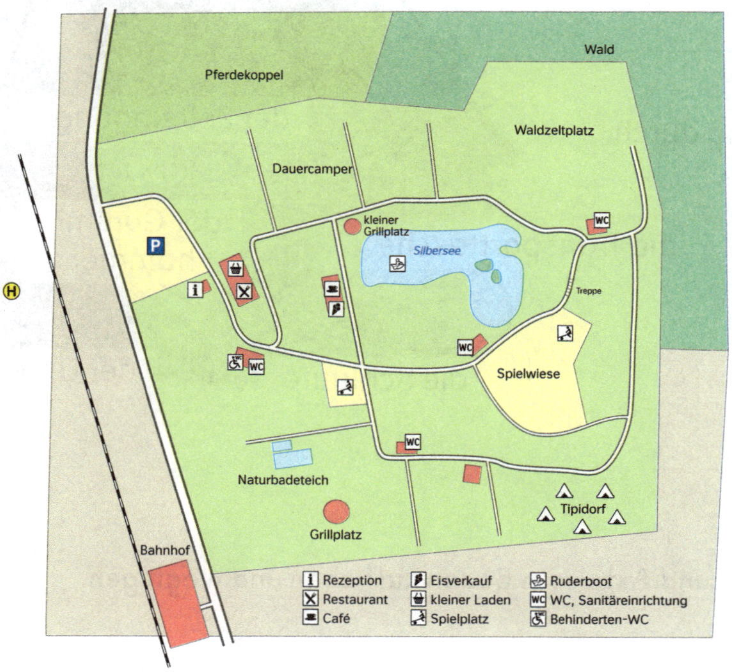

3 **Notiere**, wo die Kinder ankommen, wenn sie der Beschreibung folgen:

Die Kinder erreichen ______________________________.

4 Otto möchte vom Tipidorf zur Rezeption gehen und sich auf dem Weg ein Eis kaufen. **Markiere** diese drei Punkte in der Karte.

5 Arbeitet zu zweit: **Beschreibe** nun den Weg, den Otto nehmen muss. Du kannst die **SPRACHBOX** nutzen. Deine Partnerin oder dein Partner verbessert dich.

SPRACHBOX

Du startest an ... – Als Erstes – Dann – Nachdem du an/am ... vorbeigegangen bist, ... – Du gehst auf dem Weg weiter bis ... – Dann gehst du nach links ... – Dann gehst du nach rechts ... – Nun hast du ... erreicht – Jetzt gehst du weiter nach ... – biege ab – gehe um die Kurve – geradeaus

Eine Anleitung lesen und erschließen

SB S. 217–218

1 **Schau** dir das Bild des Wurfzeltes **an**. Wie könnte man es wohl aufbauen? **Notiere** Stichwörter:

____

____

____

2 **Lies** dir die Anleitung durch.

Der Fall Elster
Ein Wurfzelt aufbauen

Materialliste
- Heringe
- Gummihammer
- Wurfzelt

Vorbereitung
Zuerst sollte man Steine und Äste vom Boden aufheben und weglegen.

Arbeitsschritte
Zuerst nimmt man das Zelt aus der ↳Tüte↲. Dann löst man ↳das Dings, das↲ das Wurfzelt zusammenhält. Dann kann man das Zelt in die Luft werfen. Zum Schluss richtet man es auf dem Boden aus und richtet ↳das Loch↲ zur gewünschten Seite hin aus.

↳↲, ↳↲

↳↲

3 Wie ist die Anleitung aufgebaut? Lies die **LERNBOX** und **markiere** die Teile.

LERNBOX

Die Teile einer Anleitung
- Eine vollständige Anleitung besteht immer aus diesen Teilen:
- Sie hat einen **Überschrift**, die verrät, was hier beschrieben wird.
- Dann folgt die **Materialliste** mit allen Dingen, die man braucht.
- Danach werden die nötigen **Vorbereitungen** genannt.
- Schließlich werden die **Arbeitsschritte** genau aufgeschrieben.

4 **Ersetze** die markieren Wörter durch die Fachbegriffe aus dem Bild.

Die richtige Reihenfolge herstellen

SB S. 223

1 **Schau** dir das Bild des Waldwichtels an. Wie musst du wohl vorgehen, um so einen Waldwichtel herzustellen?

2 **Schreibe** deine Vermutung auf die Linien.

____

____

3 Die Waldwichtel muss man mit einem Taschenmesser schnitzen. Hier siehst du die Arbeitsschritte in der falschen Reihenfolge. **Ordne** die Arbeitsschritte, indem du die Zahlen von 1–4 in die Kreise schreibst.

4 Um die Reihenfolge zu verdeutlichen, verwendest du Zeitadverbien. In dieser Anleitung fehlen sie noch. **Lies** den Lückentext.

__________ suchst du dir einen glatten Stock aus. __________ schnitzt du mit dem Taschenmesser die Rinde ab, damit er spitz wird. __________ schnitzt du auch eine kleine ovale Fläche für das Gesicht direkt unter der Spitze. __________ bemalst du die Spitze mit Buntstiften oder Fineliner, damit eine bunte Mütze entsteht. __________ malst du das Gesicht des Wichtels auf.

5 **Lies** die die **LERNBOX** über Zeitadverbien.

LERNBOX

So verdeutlichst du mit Zeitadverbien die Reihenfolge:
Zeitadverbien leiten den nächsten Schritt deiner Anleitung ein: zuerst, dann, zum Schluss. Verwende jedes Zeitadverb am besten nur einmal, um deinen Text abwechslungsreich zu gestalten.

SPRACHBOX

Als Erstes – Zuerst – Dann – Als nächstes – Danach – Nun –Schließlich – Zum Schluss

6 **Vervollständige** den Lückentext. Nutze dafür die **SPRACHBOX**.

Leserinnen und Leser ansprechen

SB S. 222

1 Gestern Abend hat die Pfadfindergruppe am Lagerfeuer leckere Marshmallow-Spieße zubereitet. Seven hat die Anleitung notiert. **Lies** die Anleitung.

Marshmallow-Fruchtspieße (für ca. 4 Personen)

Materialliste
drei reife Nektarinen
zehn Erdbeeren
150 g Marshmallows
vier lange Grillspieße aus Holz

Vorbereitung
Bevor ↳man startet↲, solltest du ein Lagerfeuer entzünden und alle Zutaten bereitlegen.

↳du startest↲

Arbeitsschritte
Nach dem Waschen der Früchte halbiert man zunächst die Nektarinen, denn dann kann man die Kerne einfach entfernen. Danach schneidet man das Fruchtfleisch der Nektarine in mundgerechte Stücke. Als Nächstes die Früchte abwechselnd mit den Marshmallows auf die Grillspieße stecken. Zum Schluss hältst du die Grillspieße über das Feuer und unter ständigem Wenden grillt man sie goldbraun.

2 Seven hat unterschliedliche Anredeformen benutzt, sie sind gelb markiert. **Lies** die **LERNBOX**.

3 Hilf Seven, seine Leserinnen und Leser durchgängig mit der Du-Form anzusprechen. Benutze das Korrekturzeichen ↳↲, um alle Stellen zu **kennzeichnen**, die du ändern musst.

4 **Schreibe** die Anleitung vollständig und richtig in dein Heft.

LERNBOX

So sprichst du deine Leserinnen und Leser richtig an:
- Benutze durchgängig eine Anredeform der Leserin und des Lesers:
  - Man-Form: Zuerst entzündet man ein Lagerfeuer.
  - Du-Form: Zuerst entzündest du ein Lagerfeuer.
  - Infinitiv-Form: Zuerst ein Lagerfeuer entzünden.
- Die Man-Form und die Infinitiv-Form sind etwas unpersönlicher als die Du-Form.

↳↲ austauschen
|–| streichen
⌈ einfügen
⇄ Reihenfolge ändern

SB S. 225

Das Urheberrecht beachten

1 Laura hat an dem Outdoor-Wochenende viele Fotos gemacht. Dieses Foto von Leonie hat sie in den Klassen-Chat gestellt. Jetzt ist Leonie richtig sauer. **Lies** dir ihre Sprechblase **durch**.

LEONIE

Laura, das war richtig mies von dir! Du musst mich immer fragen, bevor du ein Foto von mir postest! Ich darf nämlich entscheiden, ob ich will, das andere mich so sehen! Das Foto ist voll peinlich! Sowas hätte ich mit dir nie gemacht! Berkant nennt mich jetzt Sabberlippe!

2 Welchen Grund nennt Leonie dafür, dass Laura das Foto nicht posten darf? **Schreibe** ihn **auf**:

____

3 **Lies** die **LERNBOX**.

LERNBOX

Verantwortungsvoll mit Fotos umgehen

Wenn du ein Foto von jemandem gemacht hast und es teilen willst, musst du als erstes überlegen, ob man die Person **erkennen** kann. Kann man das nicht, darfst du das Foto mit anderen teilen. Du bist nämlich **der Urheber oder die Urheberin** und darfst entscheiden, was mit deinen Fotos passiert.

Wenn man die Person erkennen kann, musst du immer **zuerst fragen**, bevor du ein Foto verschickst oder postest. Denn jeder Mensch hat **das „Recht am eigenen Bild"** und darf entscheiden, ob Fotos von ihm veröffentlicht werden dürfen.

4 **Nutze** den Webcode. Dort findest du Fotos, die Laura gern im Klassen-Chat posten möchte. Beurteile, ob sie das darf.

WES-126449-014

5 **Gestalte** ein Plakat mit den Regeln, die man beachten muss, wenn man Fotos teilen will. Hänge es in deiner Klasse aus.

Eine Anleitung gliedern

SB S. 226

1 Für den heutigen Tag hat die Pfadfindergruppe ein besonderes Spiel geplant: Mölkky. Schau dir die Bilder an und vermute, wie das Spiel verläuft und was man dafür braucht. **Notiere** deine Vermutung auf den Linien.

Mölkky spielt man wahrscheinlich so: ______________________________

____

____

2 Bevor gespielt wird, muss das Spiel vorbereitet werden. Lisas Mama hat ihr gesagt, was sie tun muss. **Lies** die Sprechblase

LISAS MAMA

Alle Spielerinnen und Spieler stellen sich an eine Linie, das ist die Wurflinie. 3–4 Meter entfernt von der Wurflinie stellst du die Kegel auf. Stelle sie ganz dicht zusammen. Sie können ruhig durcheinander stehen, das macht nichts.

Vorbereitungen:

Wurfpunkt festlegen ↳↲

Kegel 5 Meter entfernt aufstellen ↳↲

Kegel dicht zusammenstellen, Kegel müssen ein Dreieck ergeben |–|

3 **Lies** nun Lisas Notizen neben der Sprechblase.

4 Vergleiche die Informationen von Lisas Mama und die Notizen. **Markiere**, was Lisa falsch notiert hat. Korrigiere die Fehler am Rand. Als Hilfe sind die Korrekturzeichen so eingetragen: Du musst zweimal etwas ändern und einmal etwas streichen.

5 Lisa hat die Schritte des Spiels notiert, allerdings sind sie durcheinandergeraten. **Lies** die Anleitung.

Mölkky

Materialliste

12 Kegel (nummeriert von 1 bis 12)

⌜ ⌜

Vorbereitung

Zuerst stellst du die Kegel 3–4 Meter von ↳dem Wurfpunkt↲ entfernt in einer Gruppe zusammen auf. ↳↲

Schritte des Spiels

☐ Der jüngste Spieler oder die jüngste Spielerin beginnt.

☐ Dann stellst du umgefallenen Kegel wieder an der Stelle auf, an der sie liegen geblieben sind. Anschließend notierst du die Punktestände. Wer dreimal nicht trifft, scheidet aus.

☐ Der Spielzug beginnt damit, dass du das ↳Wurfding↲ nimmst und versuchst, durch Werfen möglichst die Kegel zu treffen. Dabei darfst du das Wurfholz nur von unten aus werfen. ↳↲

☐ Wenn ein Kegel umfällt, bekommst du die Punkte, die auf dem Kegel aufgedruckt stehen. Wenn mehrere Kegel umfallen, bekommst du die Gesamtzahl der Punkte aller umgefallenen Kegel.

☐ Schließlich endet das Spiel, sobald jemand genau 50 Punkte erreicht hat. Übersteigt die geworfene Punktezahl 50, fällt die Spielerin oder der Spieler zurück auf 25 Punkte.

6 **Bringe** die Schritte des Spiels in die richtige Reihenfolge. Schreibe dafür die richtigen Zahlen in die Kästchen. Schreibe dort, wo die Reihenfolge geändert werden muss, das Korrekturzeichen ⇄ an den Rand.

7 **Lies** nun die **CHECKLISTE**. Prüfe, ob die Anleitung alle Bestandteile enthält.

8 Die Anleitung enthält noch einige Fehler. **Korrigiere** sie am Rand.

LERNBOX

So schreibst du eine Anleitung:
- Stelle sicher, dass die Anleitung alle **Bestandteile** enthält: Überschrift, Materialliste, Vorbereitung, Ablauf.
- Schreibe die Anleitung in der richtigen **Reihenfolge**.
- Verwende die richtigen **Begriffe**.

Eine Anleitung überarbeiten

SB S. 227

1 Laura hat sich die Anleitung für Mölkky notiert. Dabei sind ihr einige Fehler passiert. **Lies** die Anleitung.

┌ ┌
Materialliste
12 ↳Hölzer↲ (nummeriert von 1 bis 12) ↳↲
Wurfholz
Vorbereitung
Zuerst ↳stellt man↲ die Kegel 3–4 Meter von der Wurflinie entfernt ↳↲
in einer Gruppe zusammen auf.
Schritte des Spiels
Der jüngste Spieler oder die jüngste Spielerin beginnt.
↳Die Sache↲ endet, sobald jemand genau 50 Punkte erreicht hat. ↳↲
Übersteigt die geworfene Punktezahl 50, fällt die Spielerin oder der
Spieler zurück auf 25 Punkte.
Der Spielzug beginnt damit, dass man das Wurfholz nimmt und ver-
sucht, durch Werfen möglichst die Kegel zu treffen. Dabei das
Wurfholz nur von unten aus ↳werfen↲. ↳↲
Wenn ein Kegel umfällt, bekommst du die Punkte, die auf dem Ke-
gel aufgedruckt stehen. Wenn mehrere Kegel umfallen, bekommst
du die Gesamtzahl der Punkte aller umgefallenen Kegel.
┌ Du stellst die umgefallenen Kegel wieder an der Stelle auf, an der ┌
sie liegen geblieben sind. Anschließend notiert man die Punkte-
stände. Wer dreimal nicht trifft, scheidet aus.

2 **Korrigiere** die Anleitung. Nutze dafür die Korrekturzeichen.

3 **Schreibe** die Anleitung vollständig und richtig in dein Heft.

CHECKLISTE

So überarbeitest du eine Anleitung:

Prüfe, ob die Anleitung diese Punkte erfüllt. Hake sie ab:

- ☐ Die Anleitung enthält alle **Bestandteile**: Überschrift, Materialliste, Vorbereitung, Arbeitsschritte.
- ☐ Die Reihenfolge der Schritte ist richtig.
- ☐ Du hast die richtigen Begriffe benutzt.
- ☐ Du sprichst deine Leserinnen und Leser mit der **Du-Form** an.
- ☐ Es werden Zeitadverbien benutzt.

↳↲ austauschen
|–| streichen
┌ einfügen
⇄ Reihenfolge ändern

KOMPETENZCHECK

SB S. 229–230

Eine Anleitung überarbeiten

1 Die Pfadfindergruppe möchte heute Stockbrot auf dem Lagerfeuer machen. **Schau** dir die Anleitung **an**.

2 Lisa hat die Anleitung für das Stockbrot notiert. **Lies** die Anleitung.

⌈ ⌈

Materialliste

ca. 1 m lange Stöcke (1 Stock pro Person)

↳Taschending↲ ↳↲

Hefeteig

Vorbereitung

Zuerst kaufst du dir Hefeteig beim Bäcker. Am besten bewahrst du das ↳Zeug↲ bis zur Verwendung am Lagerfeuer in einer Schüssel auf. Außerdem ↳sucht man↲ die Stöcke. Sie sollten 1 m lang sein. ↳↲ ↳↲

Arbeitsschritte

Man spitzt das Ende des Stocks mit einem Taschenmesser etwas an.

⌈ Du formst aus dem Teig eine längliche Wurst. Dann schneidest du den Teig in etwa gleich große Portionen. ⌈

Danach hältst du den Stock vorsichtig übers Feuer. Dabei muss man den Stock langsam immer wieder drehen, damit das Brot nicht anbrennt. Wenn das Stockbrot eine schöne dunkle Farbe hat, ist es fertig.

Lass es kurz abkühlen: Guten Appetit!

⌈ Man wickelt diese Würste um den Stock. ⌈

3 Überarbeite nun Schritt für Schritt die Anleitung. Finde zuerst eine Überschrift und **füge** sie **ein**.

4 Prüfe die Reihenfolge der Schritte. **Nutze** das Korrekturzeichen ⇄, um zu zeigen, wo die Reihenfolge geändert werden muss.

5 Die Anleitung enthält einige Begriffe, die nicht passend sind. **Ersetze** sie. Nutze das Korrekturzeichen ↳↲. Einige sind schon markiert, aber einige musst du noch finden.

6 In der Anleitung wird nicht durchgängig die Du-Form benutzt, zum Beispiel im Abschnitt „Vorbereitungen“. Finde weitere Stellen und **korrigiere** sie mithilfe des Korrekturzeichens ↳↲.

7 **Füge** nun auch zwei Zeitadverbien an den mit ⌈ markierten Stellen in den Arbeitsschritten **ein**.

8 **Schreibe** die Anleitung vollständig und richtig in dein Heft.

SB S. 232

Ein Outdoor-Wochenende

Kompetenz/Inhalt	Was denkst du? Kreuze an!			Lass jemand anderen ankreuzen.		
Ich kann ...	☺	😐	☹	☺	😐	☹
nennen, was man beim Camping macht. (S. 102)						
eine Wegbeschreibung verstehen. (S. 103)						
eine Anleitung lesen und verstehen. (S. 104)						
die Reihenfolge der Arbeitsschritte deutlich machen. (S. 105)						
Leserinnen und Leser mit der Du-Form ansprechen. (S. 106)						
beim Veröffentlichen von Fotos auf das Urheberrecht achten. (S. 107)						
eine Anleitung gliedern. (S. 108–109)						
eine Anleitung überarbeiten. (S. 110)						
das, was ich gelernt habe, in dem Kompetenzcheck anwenden. (S. 111–112)						

Hier ist Platz für eine Rückmeldung:

____

____

____

____

____

____

1: Hallo. Ich bin Jan.

2: Hello. I am Jan.

3: Merhaba. Ben Jan.

1 Wähle das fehlende Wort in den Sätzen aus und **schreibe** es auf die Linien.

✚ Jan ________________ mit dem Bus zur Schule. (fahren, fahre, fährt)

○ Heute morgen ________________ er Müsli. (aß, esste, isst)

◇ Der Bus fährt ________________ der Straße. (auf, unter, über)

✖ Jan trägt einen ________________ Rucksack. (gelbes, gelbe, gelben)

△ ________________ Junge sieht schon die Schule. (Der, Die, Das)

□ Sein Vater ________________ ihn später abholen. (hat, wird, war)

2 **Male** das Bild mithilfe der Antworten aus Aufgabe 1 in den richtigen Farben **aus**.

3 **Lies** die Aussagen von Jan oder lasse sie von einer Mitschülerin oder einem Mitschüler vorlesen. Sprich die drei Aussagen nach.

4 Ordne die Sätze den Sprachen zu, indem du die Zahlen in die Kästen **schreibst**.

☐ Türkisch ☐ Englisch ☐ Deutsch

Was Nomen bezeichnen

SB S. 238

1 **Lies** die Nachricht, die Frido an Delia schreibt.

Hey Delia, heute war was los in der Schule: Wir haben über Haustiere gesprochen. Alle durften erzählen, welche Haustiere sie haben. Zuerst haben alle durcheinandergerufen und unsere Lehrerin ist richtig sauer geworden. Dann gab es aber doch Ruhe, die Aufregung war vorbei und ich kam dran. Du kennst Pino ja. Er hat ganz lange, weiche Ohren und einen wuscheligen Schwanz.

Frido ✓✓

2 Zu welcher Wortart gehören die unterstrichenen Wörter?
Notiere deine Vermutung auf der Linie:

Die Wörter sind ____.

3 **Lies** die **LERNBOX** und überprüfe deine Vermutung.

LERNBOX

Nomen erkennen:

Nomen bezeichnen **Lebewesen** (Menschen, Tiere, Pflanzen), **Gegenstände** (die Tafel) und **Körperteile** oder **Orte** (der Schulhof). Sie sind auch Bezeichnungen für **Gefühle** (die Wut) und **Gedachtes** (die Vorstellung) oder **Zustände** (das Chaos).
Nomen **schreibst** du immer **groß**, zum Beispiel: die Katze oder der Ball.

4 **Ordne** alle Nomen aus Aufgabe **1** in die richtige Spalte der Tabelle **ein**.

Menschen, Tiere, Pflanzen	Gegenstände, Orte	Gedanken, Gefühle, Zustände

5 Finde für jede Spalte ein weiteres Beispiel und **schreibe** es in die Tabelle.

Nomen haben ein Genus

SB S. 239

1 Mit den Spielgeräten wird es in der Pause sicherlich nicht langweilig! **Schau** dir die Abbildung genau **an**.

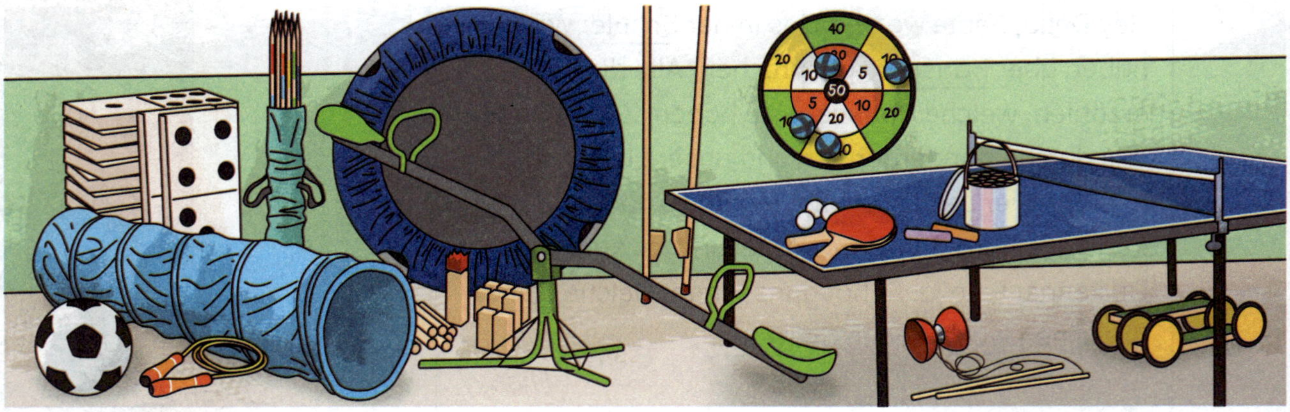

2 **Benenne** die Spielgeräte mündlich mit dem passenden Artikel.

3 **Lies** die **LERNBOX**.

LERNBOX

Nomen und ihr grammatisches Geschlecht:

Der **bestimmte Artikel** gibt das **grammatische Geschlecht (Genus)** eines Nomens an:

- das **männliche Geschlecht** (Maskulinum): **der** Mann
- das **weibliche Geschlecht** (Femininum): **die** Frau
- das **sächliche Geschlecht** (Neutrum): **das** Kind

Das **grammatische Geschlecht** eines Nomens stimmt nicht immer mit dem **natürlichen Geschlecht** überein, zum Beispiel: **das** Mädchen.

4 **Trage** die Spielgeräte mit Artikel in die Tabelle **ein**. Nutze die **SPRACHBOX**.

männlich (Maskulinum)	weiblich (Femininum)	sächlich (Neutrum)

SPRACHBOX

Fußball – Trampolin – Tischtennisplatte – Schaukel – Diabolo – Stelze – Springseil – Klettboard – Wikingerschach – Kriechtunnel – Wippe – Dominostein

Nomen und ihre Begleiter

SB S. 240

1 Viktoria hat einen Brief an ihre ehemalige Grundschullehrerin geschrieben. **Lies** den Brief.

> Liebe Frau Feldhaus,
>
> wie geht es Ihnen? Die Schule, auf der ich jetzt bin, ist sehr schön! Wir haben einen großen Pausenhof. Auf dem Pausenhof steht eine Tischtennisplatte. Die Tischtennisplatte ist der Treffpunkt für die Klasse 5a. Ich habe auch einen neuen Klassenlehrer. Der Klassenlehrer heißt Herr Galli. Er organisiert ein Treffen mit einer Austauschschule. Das Treffen wird toll werden!
>
> Bis bald und viele Grüße
>
> Viktoria

2 Was hat Viktoria blau und grün markiert? **Lies** dazu die **LERNBOX**.

LERNBOX

Nomen und ihre Begleiter (Artikel)

Zu jedem Nomen gehört ein **Begleiter (der Artikel)**. Es gibt **bestimmte** Artikel: der, die, das. Es gibt auch **unbestimmte** Artikel: **ein, eine**. An dem Artikel kannst du das grammatische **Geschlecht** des Nomens erkennen.

	unbestimmt	**bestimmt**
männlich	ein Klassenraum	der Klassenraum
weiblich	eine Lehrerin	die Lehrerin
sächlich	ein Klassenbuch	das Klassenbuch

3 **Unterstreiche** in dem Brief alle Nomen.

4 **Markiere** in dem Brief alle bestimmten Artikel **blau**, und alle unbestimmten Artikel **grün**.

5 **Schreibe** jeweils ein Nomen mit Begleiter in die passenden Felder der Tabelle.

	männlich	**weiblich**	**sächlich**
bestimmter Artikel	der Pausenhof		
unbestimmter Artikel			

Mit Nomen Einzahl und Mehrzahl bilden

SB S. 242

1 Hier kann man Spaß haben! **Schau** dir die Abbildung genau **an**.

2 Wenn man ausdrücken möchte, dass es eine Sache mehrmals gibt, muss man die Bildung der Mehrzahl beachten. **Lies** dazu die **LERNBOX**.

LERNBOX

Einzahl (der Singular) und Mehrzahl (der Plural) von Nomen:

Nomen kann es in der **Einzahl** (dem Singular) oder **Mehrzahl** (dem Plural) geben. Viele Nomen enden in der **Mehrzahl** (Plural) auf -e oder -en:
ein Hund, zwei Hunde – eine Uhr, zwei Uhren.

3 **Schreibe** die Nomen aus der Abbildung in der Einzahl und der Mehrzahl in die Tabelle. Nutze die **SPRACHBOX**.

Singular	Plural
die Rutsche	

SPRACHBOX

die Rutsche – der Baum – das Becken – der Junge – das Schwimmbad

4 **Schreibe** diese Nomen im Singular und im Plural in dein Heft. Denke an die Artikel: Bikini – Tag – Landschaft

5 **Unterstreiche** die Buchstaben, die im Plural anders sind als im Singular.

Personalpronomen nutzen

SB S. 245

1 **Lies** den Text. Was fällt dir auf?

Ein Junge sucht die Detektive auf. Der Junge erzählt von seinen Beobachtungen. Der Junge bittet die Detektive um Hilfe.

2 **Lies** in der **LERNBOX** nach, wodurch das Wort „Junge“ ersetzt werden kann.

LERNBOX

Personalpronomen

Die Wörter **ich, du, er/sie/es, wir, ihr, sie, euch** ... sind **Personalpronomen**. Nomen und Namen kannst du durch die Personalpronomen ersetzen.
Zum Beispiel:
Der Mann klaut. → Er klaut.
Das Mädchen ermittelt. → Es ermittelt.
Lucia schreibt den Bericht. → Sie schreibt den Bericht.
So kannst du Wiederholungen von Wörtern vermeiden und einen Text abwechslungsreicher schreiben.

3 **Ersetze** die unterstrichenen Nomen und Namen durch Personalpronomen.

Die Tat wurde aufgeklärt. ____________________

Hassan ermittelt. ____________________

Das Baumhaus ist geräumig. ____________________

4 **Setze** die Wörter aus der **SPRACHBOX** in die Lücken **ein**.

SPRACHBOX

~~wir~~ – ich – er – euch – wir – es – wir – er – er – wir – sie – wir

Ein Junge erscheint im Baumhaus bei den Detektiven:

„Können __wir__ dir helfen?“ _______ sagt: „Ja, _______ brauche _______ dringend! Seit Tagen hören _______ ein unheimliches Geräusch im Haus. _______ kommt immer vom Dachboden. Mich macht das total fertig!“ Hassan fragt: „Hast du das Geräusch schon einmal gehört?“ _______ antwortet: „_______ hatten vor einiger Zeit einen Igel im Keller. _______ hat Nacht für Nacht einen Apfel fallen lassen. Die Äpfel haben auch Geräusche verursacht. _______ hörten sich aber ganz anders an!“ Lucia sagt: „_______ habe einen Verdacht. _______ sollten mal nachsehen, ob sich auf den Dachboden eine Fledermaus verirrt hat.“

Personalformen des Verbs verwenden

SB S. 247

1 Emre und Mila sind in der Bibliothek auf der Suche nach einem Gespensterbuch. **Lies** in dem Text **nach**, wie es mit der Suche weitergeht.

Mila (führen) ____führt____ Emre zu einer Dame an der Information. Emre (sagen) __________ zu ihr: „Wir (suchen) __________ ein Gruselbuch, ich (erinnern) __________ mich aber nicht mehr an den ganzen Titel.“ Die Dame (zeigen) __________ auf einige Computer und (erklären) __________: „Ihr (können) __________ euch an die Computer setzen. Dort (tippen) __________ ihr euer Stichwort in das Suchfeld ein. Der Computer (nennen) __________ dann alle Titel, die das Stichwort enthalten.“ Die beiden Kinder (setzen) __________ sich an die Computer und Emre (tippen) __________ „Schlossgespenst“ in das Suchfeld ein. Auf einmal (rufen) __________ Emre freudig: „Das (sein) __________ es! Der Titel (lauten) __________ „Zippel, das wirklich wahre Schlossgespenst“!“.

2 **Lies** in der **LERNBOX nach**, in welcher Form die Wörter in den Klammern stehen.

LERNBOX

Das Verb

- Mit Verben kannst du ausdrücken, **was** jemand **tut**. Zum Beispiel: **Was tut** Emre? Emre sucht ein Buch.
- Ein Verb hat immer eine **Grundform**. Sie endet auf **-en**: lesen, suchen.
- Je nachdem, welche **Person** (das **Subjekt**) eine Sache tut, **ändert** sich die Form des Verbs. Dies nennt man **Personalform**. Zum Beispiel: ich spring**e**, du spring**st**, er/sie/es spring**t**, wir spring**en**, ihr spring**t**, sie spring**en.**
- Verben **schreibst** du immer **klein**, außer sie stehen am Satzanfang.

3 In den Sätzen wurde das Subjekt, das die Personalform des Verbs bestimmt, gelb markiert. **Schreibe** die Verben in der richtigen Personalform auf die Linien.

Die Gegenwartsform Präsens

SB S. 248–249

1 **Unterstreiche** die Verben im Text.

Tom sitzt auf seinem Bett und kaut an seinen Fingernägeln. Schon wieder sieht er auf den Wecker. Es ist zehn vor elf. Punkt elf muss er im Keller sein. Da sind MUGs am schwächsten. Toms Ausrüstung liegt bereits auf dem Teppich.

2 **Lies** in der **LERNBOX nach**, in welcher Zeit die Verben stehen.

LERNBOX

Die Gegenwartsform (das Präsens):

- Verben in der **Gegenwartsform (das Präsens)** drücken aus, was jemand gerade macht: Tom trägt seine Gespenster-Ausrüstung.
- Wenn du den Inhalt einer Geschichte zusammenfasst, verwendest du die **Gegenwartsform (das Präsens)**.

3 Lisa hat eine Inhaltsangabe geschrieben. Streiche die Grundformen durch und **schreibe** die Verben in die Gegenwartsform (das Präsens) auf die Linie.

Tom (~~warten~~) wartet ungeduldig auf den Beginn der Gespensterjagd.

Gleich (gehen) __________ es los.

Er (zweifeln) __________ an seinen Plänen.

Er (wollen) __________ es aber trotzdem probieren.

Zur Sicherheit (tragen) __________ er Kleidungsstücke seiner Familie.

Er (stecken) __________ sich auch Ersatzschuhe in den Gürtel und (legen) __________ sich ein rohes Ei in die Jackentasche.

Auch eine Wärmflasche (tragen) __________ er unter seinem Pullover.

Tom (klemmen) __________ sich einen Kassettenrekorder unter den Arm und (machen) __________ sich auf den Weg …

Die Vergangenheitsform Präteritum

SB S. 248–249

1 **Lies** den Schülerzeitungsbericht über die Lesenacht.

Eine schaurig-schöne Lesenacht

An einem unheimlichen Freitagabend trafen sich Schülerinnen und Schüler unserer Gesamtschule in der Stadtbibliothek. Sie lasen Auszüge aus Gespensterromanen vor und trugen Gedichte vor. Gemeinsam aßen und tranken sie ein schauriges Abendessen und legten sich dann in ihre Schlafsäcke. Es war ein Abend voller Freude am Lesen!

2 **Unterstreiche** in dem Schülerzeitungsbericht alle Verben wie im Beispiel.

3 **Lies** in der **LERNBOX nach**, in welcher Zeitform die Verben stehen.

LERNBOX

Die Vergangenheitsform (das Präteritum):

- Verben in der **Vergangenheitsform (dem Präteritum)** drücken aus, was jemand in der Vergangenheit gemacht hat: Das Gespenst flog durch die Tür.
- **Die Vergangenheitsform (das Präteritum)** wird genutzt, um erfundene Geschichten zu erzählen.

4 Nach der Lesenacht informiert sich Emre über die Geschichte des Gruselns. Setze die Verben in das Präteritum. **Schreibe** sie auf die Linien.

Bräuche rund um das Gruseln früher und heute

Früher ___glaubten___ (glauben) die Menschen fest an Gespenster.

Die Menschen ______________ (zünden) Feuer an.

Damit ______________ (wollen) sie die Dunkelheit und ihre Ängste vertreiben.

Sie ______________ (verkleiden) sich als Geister und Hexen, dabei ______________ (machen) sie viel Lärm und ______________ (gehen) durch die Straßen.

Aus diesem Brauch ______________ (entstehen) Halloween.

Mit Adjektiven genau beschreiben

SB S. 251

1 Jessica möchte ihrer Oma eine Blume mitbringen. Im Blumenladen stehen drei Blumen zur Auswahl. **Schau** dir die drei Blumen genau **an**.

2 Jessica möchte die Blume ganz genau beschreiben. **Lies** die **LERNBOX**.

LERNBOX

Das Adjektiv

- Mit Adjektiven kannst du **Eigenschaften von Lebewesen, Dingen und Tätigkeiten** anschaulich beschreiben. Sie beschreiben, wie etwas ist.
- Adjektive **schreibst** du **klein**, zum Beispiel: Wie ist die Blume? Die Blume ist rot.

3 Ordne die Adjektive den Blumen zu, indem du die Zahlen der Blumen in die Kreise **schreibst**.

Blätter: ◯ dunkelblau ◯ herzförmig ◯ fein ◯ gewellt

Stängel: ◯ glatt ◯ stachelig ◯ länglich ◯ gestreift

4 Jessica möchte Blume **2** kaufen, hat aber den Namen vergessen. Sie beschreibt sie der Verkäuferin. **Ergänze** die Lücken mit den richtigen Wörtern aus der **SPRACHBOX**.

Ich würde meiner Oma gerne die Blume mit den

_______________ Blättern mitbringen. Die Form der

Blätter ist _______________. Der Stiel ist _______________,

_______________ und _______________.

SPRACHBOX

lang – herzförmigen – fein – stachelig – dunkelblauen – glatt – türkis – dicken

5 Beschreibe eine weitere Blume aus dem Bild ganz genau. **Schreibe** in dein Heft.

Präpositionen nutzen

SB EXTRA

1 **Lies** die **LERNBOX**.

LERNBOX

Präpositionen

Mit **Verhältniswörtern (Präpositionen)** drückst du aus, wo sich ein Mensch oder eine Sache im Raum befindet: Die Wunderlampe steht ...

neben vor hinter auf ... dem Buch.

2 **Schau** dir die Bilder genau **an**.

3 **Beschreibe** sie deiner Lernpartnerin, deinem Lernpartner oder deiner Lehrkraft.

4 **Notiere** auf den Linien die passende Präposition aus der **SPRACHBOX**.

SPRACHBOX

in – auf – neben – unter – über – hinter

Der Prinz reitet ____________ dem Pferd.

Die Prinzessin ist ____________ dem Schloss.

Die Schatztruhe liegt ____________ einem Teppich.

Das Rumpelstilzchen tanzt ____________ dem Feuer.

Gretel versteckt sich ____________ einem Baum.

Die böse Hexe fliegt ____________ einen Busch.

Satzglieder ermitteln

SB S. 255

zur
Der
Zauberschule
einem
Staubsauger
fliegt
auf
Zauberschüler

1 Wie heißt wohl der Satz in der Randspalte? **Schneide** die Wörter aus.

2 **Lege** damit möglichst viele Sätze. Achte darauf, dass die Sätze Sinn ergeben.

3 Welche Wörter bleiben immer zusammen? **Male** sie in derselben Farbe **aus**.

4 **Lies** die **LERNBOX** zur Umstellprobe.

LERNBOX

Die Umstellprobe:

Durch die Umstellprobe kannst du herausfinden, wie viele Satzglieder ein Satz hat. Die Wörter, die beim Umstellen zusammenbleiben, bilden ein **Satzglied**.
Die Zauberschüler gehen gern auf die neue Schule.
Auf die neue Zauberschule gehen die Zauberschüler gern.

5 **Kreuze an**, aus wie vielen Satzgliedern der Satz besteht.

☐ 3 ☐ 4 ☐ 5

6 Bilde aus den Satzbausteinen Sätze. Achte darauf, dass die Satzglieder alle Wörter enthalten. **Schreibe** die Sätze in die Felder.

Auf der Schulbühne üben die Zauberschüler in der vierten Stunde den Wetterzauber.

7 **Bilde** einen weiteren Satz aus den Satzbausteinen. **Schreibe** ihn auf die Linie.

8 Was passiert, wenn du das Verb <u>üben</u> an die erste Stelle setzt? **Schreibe auf**:

Das Subjekt bestimmen

SB S. 256

1 **Lies** die beiden Sätze.

Den Prinzen küsst die Prinzessin.

Die sieben Zwerge beschützen das Schneewittchen.

2 Wie fragst du nach dem rot unterstrichenen Satzglied? **Kreuze an.**

☐ Was tut jemand? ☐ Wem passiert etwas? ☐ Wer tut etwas?

3 **Lies** in der **LERNBOX** nach, wie das Satzglied heißt.

LERNBOX

Das Subjekt erkennen:

Das Subjekt (der Satzgegenstand) gibt an, **wer oder was etwas tut**: Das Pferd trabt ... Er sucht ...
Du erfragst das Subjekt mit dem dazugehörigen Prädikat (das Verb):
Wer oder was trabt durch den Wald? **Wer** sucht den versteckten Schatz?
Das Subjekt kann aus **einem oder mehreren Wörtern** bestehen:
Einzahl: Ein alter Esel ging zum Markt.
Mehrzahl: Die Bauern und ein alter Esel gingen zum Markt.

4 **Unterstreiche** in den Sätzen das Subjekt rot.

1. Der Frosch holte die Kugel aus dem Brunnen.
2. Rapunzel ließ ihre langen Haare aus dem Turm herab.
3. 100 Jahre schlief das Dornröschen.
4. Die Bohnenranke kletterte Jack hinauf.

5 Wie fragst du nach den unterstrichenen Subjekten? **Schreibe** die Fragen **auf**.

1. Wer ______________________________?
2. ______________________________?
3. ______________________________?
4. ______________________________?

Das Prädikat an die richtige Stelle setzen

SB S. 257

1 **Lies** den Satz.

Der Prinz sah jeden Tag die hübsche Prinzessin.

2 Wie fragst du nach dem grün markierten Satzglied? **Kreuze an.**

☐ Was tut der Prinz?
☐ Wem passiert etwas?
☐ Wer oder was tut etwas?

3 Stelle die Satzglieder um und **schreibe** die Sätze auf die Linien.

Die hübsche Prinzessin ______________________________.

Jeden Tag ______________________________.

4 **Kreuze an**, an welcher Stelle im Satz das grün markierte Satzglied immer steht.

☐ An der ersten Stelle.
☐ An der zweiten Stelle.
☐ An der dritten Stelle.

5 **Lies** in der **LERNBOX nach**, wie das Satzglied heißt.

LERNBOX

Das Prädikat:

Das **Prädikat** gibt an, was jemand **tut oder was passiert**. Es besteht aus einem **Verb**: Die Königin lebt in dem Schloss.
Das Prädikat steht in Aussagesätzen immer an der **zweiten Stelle**: In dem Schloss lebte die Königin.
Das Prädikat kann auch **aus zwei Teilen** bestehen: Die Prinzessin fuhr in ihrer Kutsche weg (wegfahren). Der Prinz hat die Prinzessin geheiratet (Perfekt).

6 **Unterstreiche** im ersten Absatz des Märchenanfangs die Prädikate. Achtung: An einer Stelle besteht das Prädikat aus zwei Teilen.

(1) Es war einmal ein kleines Mädchen. Mutter und Vater des Mädchens waren bereits gestorben. Es besaß kein Zimmer und kein Bett zum Schlafen.

(2) So ________ es in die Welt. Das Mädchen ________ schon einige Zeit. Da ________ es einen alten Mann. Der Mann ________ kein Geld. Er ________ das Mädchen nach Essen.

SPRACHBOX

ging – traf – lief – fragte – hatte

7 **Ergänze** im zweiten Absatz die Prädikate aus der **SPRACHBOX**.

Das kann ich jetzt!

SB EXTRA

Du hast in diesem Kapitel viele neue Sachen gelernt. Jetzt bist du sicherlich gespannt, wie viel du dir merken konntest.

1 Lisa hat einen Bericht über einen Tag im Kletterpark angefangen. **Unterstreiche** in dem Text alle Nomen rot, Artikel blau, Adjektive lila und Verben grün.

In einem bunten Spind lagerten wir unsere Kleidungsstücke. Die Kletterschülerinnen trugen alle stabile Helme auf dem Kopf und einen festen Sicherheitsgurt. Der freundliche Kletterlehrer zeigte uns die leichten und schweren Kletterstrecken.

Punkte: ____/1

2 **Markiere** in der Wörterschlange alle Nomen, die in der Einzahl stehen, in grün und alle Nomen, die in der Mehrzahl stehen, in rot.

Punkte: ____/1

3 **Setze** die Verben mit der richtigen Personalform in die Lücken **ein**.

Mila (gehen) ________ zu den Bücherregalen.

Emre und Mila (nutzen) ________ den Computer für ihre Suche.

Die nette Dame am Empfang (helfen) ________ den beiden.

„Du (müssen) ________ ein Stichwort eingeben", sagt Mila.

„Jetzt (wissen) ________ ich wieder, wie das Buch (heißen) ________",
sagt Emre.

Punkte: ____/6

4 **Markiere** die Kästchen in der richtigen Farbe.
Grundform (der Infinitiv): **blau**, Gegenwart (das Präsens): **rot**,
Vergangenheit (das Präteritum): **grün**

gruseln	wir flüchteten	sie spukt	er schwebt
ich schreie	du rasselst	sie rannten	verstecken

Punkte: ____/8

5 **Kreuze an**, welche Adjektive die Blume am Rand genau beschreiben.

- ☐ stachelig
- ☐ rot
- ☐ lang
- ☐ lila
- ☐ dunkelblau
- ☐ breit
- ☐ gewellt

Punkte: ____/4

6 Kontrolliere mit deiner Lehrkraft deine Aufgaben und **schreibe** auf die Linien am Rand deine Punktzahl.

SB S.271

Sprache untersuchen

	Was denkst du? Kreuze an!			Lass jemand anderen ankreuzen		
Ich kann ...	☺	😐	☹	☺	😐	☹
ein Rätsel zum Sprachwissen lösen. (S. 114)						
Nomen erkennen. (S. 115)						
das Genus von Nomen bestimmen. (S. 116)						
zwischen bestimmten und unbestimmten Artikeln unterscheiden. (S. 117)						
die Einzahl und Mehrzahl von Nomen bilden. (S. 118)						
Nomen durch Personalpronomen ersetzen. (S. 119)						
Verben in der Grundform und Personalform unterscheiden. (S. 120)						
die Zeitform Präsens in Texten erkennen und anwenden. (S. 121)						
die Zeitform Präteritum erkennen und nutzen. (S. 122)						
mit Adjektiven genau beschreiben. (S. 123)						
Präpositionen richtig verwenden. (S. 124)						
Satzglieder durch die Umstellprobe ermitteln. (S. 125)						
das Subjekt bestimmen. (S. 126)						
das Prädikat an die richtige Stelle setzen. (S. 127)						
das, was ich gelernt habe, anwenden. (S. 128)						

Hier ist Platz für eine Rückmeldung:

____

____

SB S. 275

So übe ich Rechtschreibung

1 **Lies** den folgenden Text über das kleine Gespenst.

das kleine Gespenst war sich ganz sicher, wen es um Mitternacht zuerst erschreken wollte. Nachdem die turmuhr zwölfmal geschlagen hatte, stieg es schnel aus seiner Holzkiste und flohg aus dem Fentzter des daches hin zum Nachtwächter mit seiner Laterne, der auf den Strassen die Runden drehte.

2 Manchmal ist Rechtschreibung gar nicht so einfach. In diesem Text sind alle unterstrichenen Wörter falsch geschrieben. **Schlage** jedes dieser Wörter im Wörterbuch **nach**. Vielleicht weißt du auch schon, wie man sie richtig schreibt.

3 Lege dir für jedes Wort eine Karteikarte an. **Schreibe** dafür das Wort richtig geschrieben auf die Karte.

4 **Schreibe** nun alles **auf**, was du über das Wort weißt, zum Beispiel die Wortart oder andere Formen des Wortes. Schreibe auch einen Beispielsatz auf. So kann das aussehen:

die Turmuhr
- Nomen
- der Turm + die Uhr
- die Turmuhren (Plural)

Die Turmuhr schlug um Mitternacht.

5 **Übe** die Wörter mit der Methode der Rechtschreibkartei. Das geht so:

1. Sammle die Karteikarten in einem Kasten mit fünf Fächern.
2. Lass dir jeden Tag einige der Wörter diktieren. Schreibe immer erst das Wort einzeln auf. Bilde dann einen Satz mit dem Wort.
3. Wörter, die du richtig geschrieben hast, steckst du von Fach 1 in Fach 2.
4. Wenn du sie beim nächsten Mal wieder richtig geschrieben hast, steckst du sie von Fach 2 in Fach 3. Das machst du solange, bis die Karten in Fach 5 landen.
5. Übe so alle Wörter, die dir schwerfallen.

Lang und kurz gesprochene Vokale

SB S. 278

1 **Vervollständige** den Lückentext über die Gespenster von Craggyford.

Humphrey lebte mit seiner F___milie in einem Schloss. Er hatte sich selbst einen N___men geg___ben: der Schr___ckliche. Dabei war er ganz lieb. Sein Br___der und seine Schw___ster waren viel gr___seliger als er. Deshalb waren seine Elt___rn auch sehr stolz auf sie. Die Familie lebte gl___cklich zusammen. Im Dorf f___rchteten sich alle vor den Geistern, die auf dem Friedhof schl___fen und nachts mit K___tten kl___ppern.

2 **Zerlege** die Wörter, die du vervollständigt hast, in Silben. Dazu kannst du klatschen oder das Wort ganz langsam sprechen.

3 **Schreibe** nun die Wörter mit Silbenbögen auf. Das sieht so aus:

Fa mi li e

____

____

____

4 **Schau** dir die Wörter ganz genau **an**. Manchmal endet die betonte Silbe mit einem Vokal, manchmal mit einem Konsonanten.

5 Lies die **LERNBOX**.

LERNBOX

Lang gesprochene und kurz gesprochene Vokale:

Wenn du ein Wort in **Silben** zerlegst, kannst du die Silben untersuchen.

Betonte Silben, die mit einem **Konsonanten** (b, t, k, l, m ...) enden, nennt man **geschlossene Silben**. Den Vokal in dieser Silbe spricht man **kurz**. Zum Beispiel:

ras seln, Trep pen, schup pig.

Betonte Silben, die mit einem **Vokal** (a, e, i, o, u) enden, nennt man **offene Silben**. Den Vokal in dieser Silbe spricht man **lang**.

Zum Beispiel: Na se, Ne bel, spu ken.

6 Zerlege diese Wörter in Silben und **schreibe** sie mit Silbenbögen auf:

Flügel   bleiche   gucken   böse   Sargdeckel

____

Konsonanten nach kurzem Vokal

SB S. 278

1 **Lies** den Text über Humphrey, den Geist von Craggyford.

Eines Abends saß die Familie von Craggyford zusammen am Abendbrottisch. Wenn du denkst, dass Geister nie was essen müssen und nicht zur Toilette gehen, liegst du falsch. Sie mampfen auch gern Butterbrote. Das gemütliche Mahl der Familie wurde aber schnell gestört. Ihre Tante Hortensia kam in das Esszimmer geflogen und hatte etwas Schlimmes zu berichten: Man hatte sie aus ihrem Schloss geschmissen!

2 **Sprich** die markierten Wörter langsam und deutlich aus und setze einen Punkt unter den betonten Vokal.

3 **Lies** die **LERNBOX**.

LERNBOX

Konsonanten nach kurz gesprochenen Vokalen

Wenn du nur **einen Konsonanten** hinter dem kurz gesprochenen Vokal hörst, wird dieser Konsonant meistens **verdoppelt**.
Zum Beispiel: Schimmel, hell, treffen.
Wenn du **mehrere Konsonanten** hörst, werden sie meistens nicht verdoppelt. Zum Beispiel: Sarg, dunkel, kratzen.
Du kannst das Wort in **Silben** zerlegen, um zu sehen, ob du den Vokal kurz oder lang sprechen musst.

4 Arbeite weiter mit den markierten Wörtern: Wie viele Konsonanten hörst du hinter dem kurzen Vokal? **Sprich** sie deutlich.

5 **Kreise** die Konsonanten **ein**.

6 **Setze** bei den folgenden Wörtern die richtigen Konsonanten **ein**.

a____ein (ll/l)
Na____ (chtt/cht)
kna____en (r/rr)
Klu____en (mp/mmp)
ru____ (ndd/nd)
kö____en (n/nn)
scha____en (ff/f)
ge____ich (llbl/lbl)

Das Dehnungs-h richtig einsetzen

SB S. 281

1 **Lies** die **LERNBOX** über das Dehnungs-h.

LERNBOX

Wörter mit Dehnungs-h

Das Dehnungs-h zeigt dir, dass du den Vokal **lang** sprechen musst.
Es steht vor den Buchstaben **l**, **m**, **n** und **r**.
Wörter mit Dehnungs-h musst du dir merken.

2 **Lies** den Text.

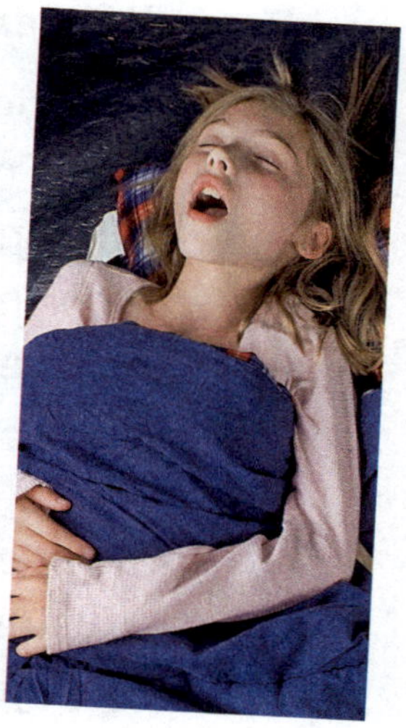

Als wir im letzten Jahr im Camp waren, passierte vor der Wanderung etwas Komisches: Unser Lehrer Ralf hatte morgens um acht Uhr noch ganz lahm die Strecke ausgewählt und uns erzählt, was wir mitnehmen mussten. Dann merkten wir, dass Kira noch fehlte. Während der Suche riefen wir laut ihren Namen und suchten alle Zelte durch, ohne sie zu finden. War sie in Gefahr? Wir fühlten uns wirklich unwohl! Da fand Mohammed sie ganz unverletzt: Sie war abends beim Lagerfeuer eingeschlafen und lehnte gemütlich im Schlafsack am Baum.

3 **Markiere** alle Wörter mit Dehnungs-h wie im Beispiel.

4 **Trage** die Wörter in diese Tabelle **ein**.

Wörter mit hl	Wörter mit hm	Wörter mit hn	Wörter mit hr
			Jahr,

INFO

In einer **Wortfamilie** haben alle Wörter den gleichen **Wortstamm**.
Zum Beispiel:
laufen,
gelaufen,
Laufbahn …

5 **Bilde** Wortfamilien zu diesen Verben:

fahren: Fahrzeug, fährt, __________

zählen: Zählung, gezahlt, __________

Wörter mit ck und tz schreiben

SB EXTRA

1 **Höre** dir die Wörter über den Webcode **an**.

WES-126449-015 Wörter hören

2 Höre dir die Wörter noch einmal an und **schreibe** sie auf die Linie.

3 **Lies** die **LERNBOX** und überprüfe, ob du die Wörter richtig geschrieben hast.

LERNBOX

Wörter mit ck und tz

Die Konsonanten k und z werden nicht verdoppelt.
Wenn nach einem **kurzen** Vokal ein k kommt, schreibt man **ck**: gucken.
Wenn nach einem **kurzen** Vokal ein z kommt, schreibt man **tz**: jetzt.
Nach einem Konsonanten schreibst du **k** und **z**: Danke, Kerze.

4 Wer ein Outdoor-Abenteuer erleben will, muss die richtige Ausrüstung haben. **Umkreise** die Gegenstände, die du beim Zelten gut gebrauchen kannst.

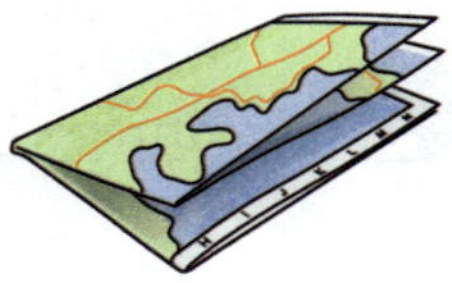
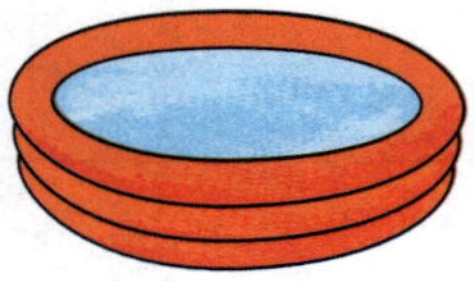
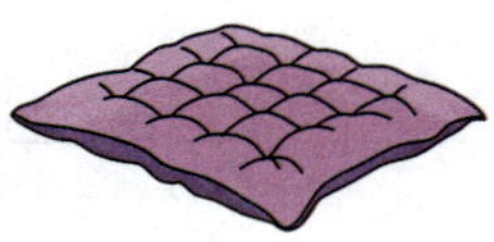

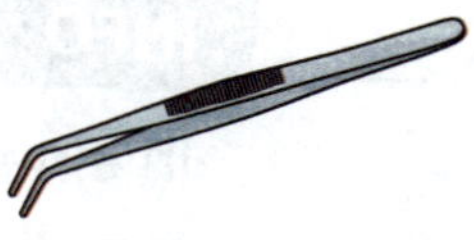

5 **Schreibe** die richtigen Bezeichnungen unter alle Bilder. Du kannst dir die Wörter auch über den Webcode anhören, wenn du dir nicht sicher bist.

WES-126449-016 Wörter hören

6 **Finde** jeweils fünf weitere Wörter mit ck und tz.

ck:

tz:

Doppelkonsonanten schreiben

SB S. 284

1 Welche Tiere kannst du im Schulgarten finden? **Schreibe** ihre Namen mit Silbenbögen unter die Bilder

______ ______ ______ ______

______ ______ ______ ______

2 **Lies** die **LERNBOX**.

LERNBOX

Wörter mit doppeltem Konsonanten

Wenn der **Vokal** in der betonten Silbe **kurz** gesprochen wird, musst du den Konsonanten **verdoppeln**. Du kannst herausfinden, ob du den Konsonanten verdoppeln musst, indem du einsilbige Wörter **verlängerst**:
Nomen: Bilde den Plural! das Blatt → die Blät ter
Verben: Bilde eine andere Form! ich kann → wir kön nen
Adjektive: Setze sie vor ein Nomen! nass → das nas se Beet
Wenn der Vokal lang gesprochen wird, verdoppelst du den Konsonanten nicht.

3 **Vervollständige** diese Wörter. Wende die Strategie Verlängern an.

f oder ff: der Ha___er, ich tre___e, der Stie___el, der Strei___en, o___en

l oder ll: der Gri___, der Hühnersta___, er ho___t, die Windmüh___e, die Schoko___ade

m oder mm: die Gu___istiefel, die Blu___e, das Kli___a, schli___, der Sta___

n oder nn: die Melo___e, die Bie___e, der Ho___ig, ich ka___, die Ta___e

p oder pp: wir ki___en, der Schu___en, die Rau___e, die Lu___e, do___elt

r oder rr: die Schnu___, die Schubka___e, die Sche___e, sie veri___t sich, der Ga___ten

t oder tt: pla___, gla___, der Li___er, die Blü___e, die Hängema___e

s-Laute richtig schreiben

SB S. 285–286

1 **Sprich** die abgebildeten Wörter deutlich **aus**.

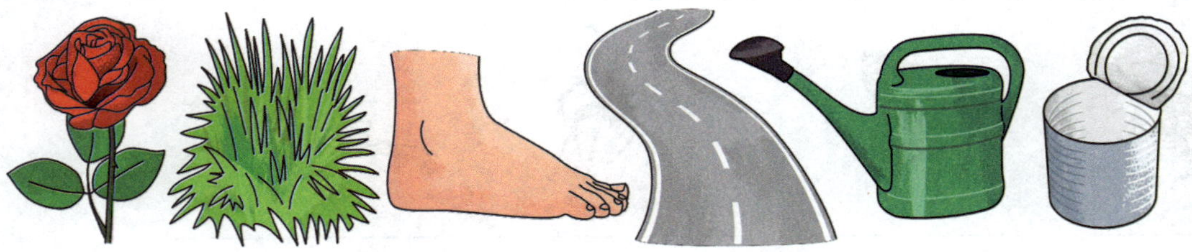

2 **Schreibe** die Wörter mit Silbenbögen **auf**.

---

3 **Setze** unter lange Vokale einen Strich und unter kurze Vokale einen Punkt.

4 **Lies** die **LERNBOX**.

LERNBOX

Wörter mit s-Lauten

Den Laut s kannst du **summen** wie eine Biene oder **zischen** wie eine Schlange.
Wenn du das s **summen** kannst, schreibst du **s**: die Rose.
Wenn du das s **zischen** kannst, schreibst du entweder **ss** oder **ß**.
Um herauszufinden, was richtig ist, schau dir den **Vokal** genauer an:
Wenn der Vokal **kurz** ist, schreibst du **ss**: die Nüs se, es sen.
Wenn der Vokal **lang** ist, schreibst du **ß**: drau ßen, die Grö ße.

5 Für die Schülerin Selma ist die Schulgarten-AG mehr als ein Hobby. **Lies** den Text.

Ihr findet es vielleicht selt___am, aber für mich ist die Schulgarten-AG kein Spa___, es ist vielmehr eine Mi___ion. Ich habe ein ganz be___onderes Ziel: Ich will die In___ekten retten. Ich weiß, viele finden Insekten grä___lich. Sie sind aber sehr nützliche Tiere, zum Beispiel bestäuben sie Blumen und Gemü___e. Viele Tiere e___en sie und würden ohne sie verhungern. Darum habe ich ein In___ektenhotel aus einer alten Do___e gebaut. Das habe ich dann heimlich in einen Baum gehängt. Am nächsten Tag sa___en wir alle auf der Wie___e unter dem Baum, da hat Berkant es entdeckt. Er sagt, er findet den Garten viel be___er, wenn alle Tiere dort willkommen sind!

6 **Vervollständige** die Lücken mit der richtigen s-Schreibung.

Satzanfänge und Nomen großschreiben

SB S. 290–291

1 **Betrachte** das Bild. Was könnte man an diesem Ort wohl machen?

2 In dieser Indoor-Golfanlage ist alles in Neonfarben angemalt. Was könnte das Besondere am Minigolf auf dieser Anlage sein? **Tausche** dich mit einer Partnerin oder einem Partner **aus**.

3 **Lies** den Text.

am letzten samstag waren wir in der indoor-halle beim minigolf. alle bekamen einen kleinen zettel mit einem stift, auf dem wir die ergebnisse eintragen konnten. in der halle war alles in bunten neonfarben angemalt und leuchtete im dunkeln. ich musste über meinen bruder lachen, denn ich sah nur noch die schrift auf seinem pullover und seine zähne in der dunkelheit leuchten. die bahnen sahen toll aus. als mein bruder die erste bahn betreten wollte, gab es einen knall und er landete auf dem hosenboden. er hatte gedacht, der rand der bahn liegt tiefer, und so war er gestolpert. am ende unseres spiels hat mein bruder gewonnen! er ist einfach gut beim sport.

4 **Lies** nun die **LERNBOX**.

LERNBOX

So erkennst du Nomen:

Nomen erkennst du am **Signalwort**:
- **Artikel:** ein Golfschläger, zur (zu + der) Kasse, der Ball
- **Pronomen:** mein Schläger, unser Spiel
- **Adjektive:** ein spannendes Spiel, der kurze Schläger

Das **erste Wort im Satz** ist der **Satzanfang**.
Nomen und **Satzanfänge** schreibst du immer **groß**.

5 **Markiere** alle Nomen in dem Text in blau und alle Satzanfänge in gelb.

6 **Schreibe** alle Nomen mit ihrem Signalwort in dein Heft. Verbinde das Signalwort mit einem Pfeil mit dem Nomen:

letzten Samstag

7 **Schreibe** den Text mit der richtigen Großschreibung in dein Heft. Achte auf deine Markierungen im Text.

Das Komma richtig setzen

SB S. 294

1 Leila hat eine Das-bin-ich-Kiste gebastelt. **Lies** die Sprechblase.

2 Was könnte eine Das-bin-ich-Kiste sein? **Schreibe** deine Vermutung auf:

Eine Das-bin-ich-Kiste ist ______________________________

______________________________.

LEILA

In meiner Kiste sind viele verschiedene Dinge weil ich viele Hobbys habe. Hier ist eine Kastanie Kekse mein Judo-Gürtel und eine Feder.

3 Die Sprechblase kann man nur schwer lesen. Woran liegt das? **Schreibe** deine Vermutung auf:

Die Sprechblase kann man schwer lesen, weil ______________________________

______________________________.

4 **Lies** die **LERNBOX** und finde heraus, was in der Sprechblase falsch ist.

LERNBOX

So setzt du Kommas richtig ein:

- In **Aufzählungen** setzt du Kommas zwischen den Wörtern, die du aufzählst. Zum Beispiel: In meiner Kiste liegen Steine, eine getrocknete Blume, Muscheln und Sand.
  Vor *und* setzt du kein Komma.
- Wenn zwei Teile eines Satzes **eng zusammen gehören**, trennst du sie mit einem Komma. Achte auf die Wörter **da**, **weil**, **obwohl**, **aber**, **wenn**. Zum Beispiel: Ich mag Pferde, aber am liebsten gehe ich zum Judo.

5 In der Sprechblase fehlen die Kommas. **Setze** sie unten **ein**.

In meiner Kiste sind viele verschiedene Dinge weil ich viele Hobbys habe. Hier ist eine Kastanie Kekse mein Judo-Gürtel und eine Feder.

6 Welche Hobbys könnte Leila haben? **Zähle** sie **auf**. Setze die Kommas richtig.

Leilas Hobbys sind vermutlich ______________________________

______________________________.

Zeichen der wörtlichen Rede

SB S. 297–298

1 **Schau** dir das Bild aus der Zauberschule **an**.

2 Wenn man wörtliche Rede aufschreiben will, muss man die richtigen Satzzeichen benutzen. **Lies** die **LERNBOX**.

LERNBOX

So setzt du die Zeichen der wörtlichen Rede:

Das, was jemand sagt, steht zwischen **Anführungszeichen**.
Zum Beispiel:
„Hoffentlich gibt es heute Pommes!"
Zu der wörtlichen Rede gehört auch der **Redebegleitsatz**. Je nachdem, ob er als Erstes oder als Zweites steht, benutzt du diese Satzzeichen:
Erstes: Frauke von Drachenfels versprach: „Pommes gibt es jeden Dienstag."
Zweites: „Das wird richtig lecker", freute sich Theo.
Achtung: hier machst du keinen Punkt nach der wörtlichen Rede!

3 In diesem Text fehlen die Satzzeichen. **Setze** sie in die Lücken **ein**. Bei großen Lücken musst du zwei Satzzeichen setzen.

Alle Zauberschülerinnen und Zauberschüler hatten inzwischen großen Hunger. Die Direktorin Frauke von Drachenfels rief laut durch die Halle_ _So, liebe Kinder, nun werden wir gemeinsam in den Speisesaal gehen und zusammen abendessen._
_Wird auch Zeit! Ich habe schon großen Hunger__ sagte Theo.
_Bist du immer so ungeduldig?__ fragte Wuselius.
Theo hatte keine Lust auf blöde Fragen und murmelte_ _Wenn der den Mund voll mit leckerem Essen hat, ist er hoffentlich still!_ _Hey, so unhöflich benehmen wir uns hier nicht!__ ermahnte ihn die Direktorin.

SB S. 300–301

Im Wörterbuch nachschlagen

1 Manchmal kennt man ein Wort nicht und möchte es im Wörterbuch nachschlagen. **Lies** die **LERNBOX**.

LERNBOX

So arbeitest du mit dem Wörterbuch:

- Wenn du mit dem Wörterbuch arbeitest, musst du das **Alphabet** gut beherrschen. Die Wörter im Wörterbuch sind nach dem Alphabet geordnet. Wenn Wörter mit dem gleichen Buchstaben anfangen, musst du auf die folgenden Buchstaben achten.
- Umlaute werden wie Vokale behandelt: Ä ist wie A.
- Oben auf jeder Seite stehen **Kopfwörter**. Das ist auf der linken Seite das Wort, mit dem die Seite beginnt, und auf der rechten Seite das Wort, mit dem die Seite endet.

2 **Ordne** diese Wörter nach dem Alphabet:

Eule, Dachboden, Geist, Furcht: ______________________

Jäger, Lampe, Keller, Nacht: ______________________

unheimlich, todmüde, rosa, schimmlig: ______________________

3 **Ordne** diese Wörter nach dem Alphabet:

anbieten, aufatmen, anhalten: ______________________

flüchten, fluchen, funkeln: ______________________

miefen, meckern, misslingen, mischen: ______________________

4 **Schau** dir die Kopfwörter auf dieser Seite im Wörterbuch **an**. Welche dieser Wörter stehen auf diesen beiden Seiten? **Kreise** die richtige Wortgruppe **ein**:

(A) gammeln, geizig, grün

(B) Geist, Gedanke, Gehör

(C) geisterhaft, gehören, Gekicher

SB EXTRA

Das kann ich jetzt!

1 Zerlege diese Wörter in Silben und **schreibe** sie mit Silbenbögen **auf**:

Riese Höhle packen rosa Edelstein

______________________________ Punkte: ____/5

2 **Setze** die richtigen Buchstaben in die Lücken **ein**:

Nachdem es zwei Tage lang ger____gnet hatte, wollten wir nicht mehr im Zelt hocken. Wir gingen wandern. Wir waren nur z____n Minuten unterwegs, da bin ich mit meinem Schuh im Schlamm st____cken geblieben. Ich musste die H____nd meiner Freundin n____men und sie z____g mich raus. Aber ich stand ____ne Schuhe da! Die w____ren im Matsch steckengeblieben.

Punkte: ____/8

3 Entscheide, ob die Wörter mit einfachem oder doppeltem Konsonanten geschrieben werden. **Setze** die richtigen Buchstaben in die Lücken **ein**:

f oder ff: das Schi____, ich tre____e, tie____, der Sto____, der O____en

n oder nn: die Pfa____e, er____st, es bre____t, das Ki____, der Stei____

t oder tt: die La____e, ich tre____e, fe____, die Mu____er, die Ke____e

Punkte: ____/15

4 **Ordne** diese Wörter nach dem Alphabet:

sofort, Sorge, sonnig, sowohl: ______________________________

Punkte: ____/4

5 **Markiere** alle Nomen im Text und **schreibe** sie groß darüber.

An ihrem geburtstag (Geburtstag) war Merve mit ihren freundinnen im kletterpark. Zuerst waren sie sehr vorsichtig, denn die kletterwege waren ganz schön hoch oben und hatten viele schwierigkeiten eingebaut. Da gab ihnen der kletterlehrer einen tipp. Sie sollten einfach nach vorne schauen und stück für stück die strecke bewältigen. So ging es ganz gut und am ende haben sich die mädchen sogar getraut, über die schlangengrube zu klettern. Da waren aber keine echten schlangen drin, sondern nur welche aus weichem schaumstoff.

Punkte: ____/14

6 Lass deinen Test kontrollieren und lass dir deine Punktzahl geben:

Du hast ____ von 46 Punkten erreicht.

LERNBEGLEITBOGEN

SB S. 305

Richtig schreiben

Kompetenz/Inhalt	Was denkst du? Kreuze an!			Lass jemand anderen ankreuzen.		
Ich kann ...	☺	😐	☹	☺	😐	☹
Rechtschreibung selbstständig üben. (S. 130)						
Wörter in Silben zerlegen und herausfinden, wie die Vokale gesprochen werden. (S. 131)						
Konsonanten nach kurzen Vokalen richtig schreiben. (S. 132)						
Wörter mit Dehnungs-h richtig schreiben. (S. 133)						
Wörter mit ck und tz richtig schreiben. (S. 134)						
Doppelkonsonanten richtig schreiben. (S. 135)						
s-Laute richtig schreiben. (S. 136)						
die richtige Großschreibung benutzen. (S. 137)						
das Komma richtig setzen. (S. 138)						
bei der wörtlichen Rede die richtige Zeichensetzung benutzen. (S. 139)						
im Wörterbuch nachschlagen. (S. 140)						
das, was ich gelernt habe, überprüfen. (S. 141)						

Hier ist Platz für eine Rückmeldung:

____

____

____

Textquellen

33 Joseph Jacobs: Jack und die Bohnenranke. Zürich: Diogenes Verlag AG, 1987.

89 James Krüss: Hundertzwei Gespensterchen. Aus: Esslinger Erzählungen – Gespenster, Geister, Gänsehaut. Ausgewählt von Ulrike Sauerhöfer. Esslingen: Esslinger Verlag J. F. Schreiber, 2004.

90 *Klappentext:* Eva Ibbotson: Das Geheimnis der Geister von Craggyford. Übersetzt von Sabine Ludwig. München: Deutscher Taschenbuchverlag, 2007.

91 Cornelia Funke: Gespensterjäger auf eisiger Spur. 7. Aufl., Bindlach: Loewe 2016.

93 Cornelia Funke: Gespensterjäger auf eisiger Spur. 7. Aufl., Bindlach: Loewe 2016.

94 Cornelia Funke: Gespensterjäger auf eisiger Spur. 7. Aufl., Bindlach: Loewe 2016.

95 Cornelia Funke: Gespensterjäger auf eisiger Spur. 7. Aufl., Bindlach: Loewe 2016..

99 Cornelia Funke: Gespensterjäger auf eisiger Spur. 7. Aufl., Bindlach: Loewe 2016.

Bildquellen

|Alamy Stock Photo, Abingdon/Oxfordshire: catnap 137.1; Hackenberg-Photo-Cologne 74.2; Hum Images 79.4; Maskot 108.1; redsnapper 108.2. |Berghahn, Matthias, Bielefeld: 5.1, 5.2, 5.3, 5.4, 8.1, 12.1, 13.1, 16.1, 48.1, 52.1, 54.1, 56.1, 60.1, 75.1, 75.2, 77.2, 79.1, 79.2, 79.3, 80.1, 83.1, 83.2, 83.3, 114.1, 114.2, 114.3, 114.4, 114.5, 114.6, 114.7, 115.1, 116.1, 117.1, 118.1, 123.1, 123.2, 128.1, 128.2, 134.1, 134.2, 134.3, 134.4, 134.5, 134.6, 134.7, 134.8, 134.9, 134.10, 134.11, 134.12, 135.1, 135.2, 135.3, 135.4, 135.5, 135.6, 135.7, 135.8, 136.1, 136.2, 136.3, 138.1. |Blinde Kuh e.V. / www.blinde-kuh.de, Hamburg: 51.1. |Ehlers, Gisela, Hüttenwohld: 55.1. |Ellert, Mario, Bremen: 20.1. |fotolia.com, New York: atoss 50.3; M.studio 49.2. |Goedelt, Marion, Berlin: 38.1, 120.1, 122.1, 126.1, 127.1, 132.1, 140.1. |iStockphoto.com, Calgary: chokkicx 76.1; Maonakub 49.1; MaszaS 74.1; monkeybusinessimages Titel; Sedneva 50.1, 53.1. |Loewe Verlag GmbH, Bindlach: Funke, Cornelia / Illustriert von Funke, Cornelia: Gespensterjäger auf eisiger Spur 88.1. |Marckwort, Ulf, Kassel: 92.1. |Mithoff, Stephanie, Ahorn: 18.1, 18.2, 18.3, 18.4, 18.5, 20.2, 20.3, 21.1, 23.9, 24.1, 25.1, 29.1, 29.2, 29.3, 29.4, 29.5, 29.6, 29.7, 62.1, 62.2, 62.3, 62.4, 62.5, 63.1, 63.2, 64.1, 65.1, 66.1, 67.1, 68.1, 69.1, 102.1, 103.1, 104.1, 105.1, 105.2, 105.3, 105.4, 105.5, 111.1, 119.1, 125.1, 139.1. |Picture-Alliance GmbH, Frankfurt a.M.: Bildagentur-online/Schoening 74.3. |Ruthe, Oda, Braunschweig: 23.1, 23.2, 23.3, 23.4, 23.5, 23.6, 23.7, 23.8. |Schnecker, Ines: 7.1. |Schrumpf, Alexander, Wiesbaden: 19.4. |Schwarz, Thies, Hannover: 32.1, 33.1, 33.2, 34.1, 35.1, 36.1, 39.1, 39.2, 39.3, 39.4, 39.5, 39.6, 39.7, 41.1, 42.1, 45.1, 86.1, 87.1, 89.1, 91.1, 92.2, 93.1, 96.1, 99.1, 100.1, 121.1, 124.1, 124.2, 124.3, 124.4, 124.5, 124.6, 124.7, 130.1. |stock.adobe.com, Dublin: akepong 49.5; al62 59.1; Andrey Popov 19.1; bennytrapp 49.3; blattwerkstatt 76.2, 76.3, 76.5; Jung, Christian 50.2; Lukoiko, Daria Titel; Markus Gann 2.1, 2.2, 2.3, 27.1, 27.2, 27.3, 27.4; Mat Hayward 107.1, 133.1; Michael Eichhammer 79.5; Nomad_Soul 19.3; Ricochet64 76.4; Rochau, Alexander 77.1; terovesalainen 19.2; Yeti Studio 49.4. |Wefringhaus, Klaus, Braunschweig: 10.1.

Erarbeitet von:
Johanna Großmann, Christine Kemmer, Ines Schnecker, Johanna Wand

westermann GRUPPE

Druck A[1] / Jahr 2022
Alle Drucke der Serie A sind im Unterricht parallel verwendbar.

Die Seiten dieses Produkts bestehen zu 100 % aus Altpapier.

Damit tragen wir dazu bei, dass Wald geschützt wird, Ressourcen geschont werden und der Einsatz von Chemikalien reduziert wird. Die Produktion eines Klassensatzes unserer Arbeitshefte aus reinem Altpapier spart durchschnittlich 12 Kilogramm Holz und 178 Liter Wasser, sie vermeidet 7 Kilogramm Abfall und reduziert den Ausstoß von Kohlendioxid im Vergleich zu einem Klassensatz aus Frischfaserpapier. Unser Recyclingpapier ist nach den Richtlinien des Blauen Engels zertifiziert.

Redaktion: Ines Schnecker
Illustrationen: Matthias Berghahn, Stephanie Mithoff, Thies Schwarz
Umschlaggestaltung: LIO Design GmbH, Braunschweig
Layout: LIO Design GmbH, Braunschweig
Druck und Bindung: Westermann Druck GmbH, Georg-Westermann-Allee 66, 38104 Braunschweig

ISBN 978-3-14-**126449**-4